Michèle Roten

Wie Mutter sein

Ein Baby!
Ja hurra aber auch.

Für Edi, natürlich

Echtzeit Verlag

finden Sie neben in verschiedenen Zeitschriften bereits publizierten Texten auch viele neu entstandene Reportagen, Interviews und Notizen. Es ist ein Buch für Frauen, die sich überlegen, Mutter zu werden, und die Wahrheit wissen wollen. Und für Mütter, die es schwarz auf weiss brauchen, dass sie nicht alleine sind mit dem Gefühl, es könnte auch spassiger sein. Und für Väter, die sich dafür interessieren, warum ihre Frau keine Lust mehr hat auf Sex. Und für alle, die ahnen, dass es gesellschaftlich noch einiges zu tun gibt.

Wir werden grosse Fortschritte gemacht haben, wenn sich nicht mehr das Meer teilt für Väter, die Papitag haben, wenn nicht mehr gesagt wird: «Oh wie schön, ist heute Papitag?» Wir werden grosse Fortschritte gemacht haben, wenn mal gesagt wird: «Oh wie schön, ist heute Mamitag?»

Gute Nachrichten: Elterliche Faulheit ist gesund fürs Kind. In einer schwedischen Studie zeigte sich, dass diejenigen der 180 untersuchten Kinder, deren Eltern den Nuggi auch mal nur kurz sauber lecken, nachdem er runtergefallen ist, seltener Allergien, Ekzeme oder Asthma entwickeln als die Kinder, deren Eltern den Schnuller in so einem Fall abwaschen (oder desinfizieren oder auskochen oder gleich durch einen neuen ersetzen).

Es ist nun so: Ich finds ekelig, den Nuggi in den Mund zu nehmen, nachdem er am Boden lag, aber mein Sohn nicht, und darum kriegt er ihn gleich so zurück. Aber weil ich nur das Beste für ihn will, spucke ich ihm jeweils in den Mund, wenn er gähnt.

(Nur ein Witz. Dass es effektiv der Speichel ist, der den Unterschied macht, konnte nicht nachgewiesen werden – wahrscheinlicher ist, dass die sauber leckenden Eltern das Thema Hygiene auch sonst etwas entspannter angehen und so das Immunsystem des Kindes besser trainiert wird.)

Die Soziologen Shelley Correll, Stephen Benard und In Paik von der Cornell University haben in einer zweiteiligen Studie untersucht, wie sich Mutterschaft auf die arbeitsmarkt-technische Situation einer Frau auswirkt. In einem experimentellen Teil legten sie Probanden Bewerbungen von Frauen und Männern vor, die sich in der Qualifikation nicht unterschieden, einzig im elterlichen Status. Der andere Teil waren qualitative Interviews mit realen Arbeitgebern.

Es stellte sich heraus, dass den Müttern weniger Kompetenz zugeschrieben wird, dementsprechend tiefer waren auch die Vorschläge der Probanden für den Lohn der fiktiven Bewerberinnen. Bei den Männern zeigte sich keine solche Tendenz, im Gegenteil: Sie profitierten eher von ihrem Status als Vater. Die Interviews mit den Arbeitgebern bestätigten diese Ergebnisse: Mütter werden auf dem Arbeitsmarkt diskriminiert.

Die Gründe dafür sind klar: Das, was es in unserem Verständnis bedeutet, eine gute Mutter zu sein, ist nicht kompatibel mit dem, was es bedeutet, eine gute Angestellte zu sein. Eine «gute Mutter» ist zum Beispiel warm, emotional, flexibel; eine gute Angestellte dagegen kühl, rational und genau. Bei Männern, sprich Vätern, kollidieren die Erwartungen nicht.

Bei Frauen unter 35 ist das Lohngefälle zwischen Müttern und Nicht-Müttern sogar noch grösser als zwischen Männern und Frauen. (Ann Crittenden, *Why the Most Important Job in the World Is Still the Least Valued,* 2001)

Lustigerweise glaubt man als Kinderlose ja, man könne Pläne machen, wie das dann wird, wenn man mal ein Kind hat. Es ist wirklich lustig, weil man weiss ja nichts. *Nichts!* Man sieht irgendwelche TV-Sendungen über Hartz-IV-Proleten-Familien, und man sieht Mütter mit Kindern in der Migros, und man sieht ein paar Bekannte mit Kindern, und man erinnert sich an die eigene Kindheit, und aus alldem schustert man sich irgendwelche Vorsätze, wie man das dann machen wird, wenn man dann mal ein Kind hat. Beziehungsweise: was man nie machen wird, wenn man mal ein Kind hat. Weil Eltern machen einfach extrem viel falsch, sieht doch jeder. Und deshalb werden die Kinder schwierig. Ist doch klar. Jedenfalls wird man das viel besser machen. Hier ist meine Liste der Dinge, die ich nie tun wollte als Mutter, und was daraus geworden ist.

— «Ich werde nie den Fernseher als Ablenkung einsetzen.» Furchtbar, diese Eltern, die ihre Kinder einfach vor die Glotze setzen, damit sie Ruhe haben, oder? Dafür muss man ja keine Kinder machen. Dachte ich, bis ich entdeckte, wie viel einfacher es ist, Zwiebeln zu schneiden, wenn man beide Hände frei hat, weil das Kind ein Youtube-Video über Postautos schaut. Und noch mal. Und noch mal. Und glücklich ist dabei. Glücklich und entspannt. Youtube hat etwa den gleichen Effekt bei kleinen Kindern wie Stillen bei Babys. Haben Sie schon mal Zwiebeln geschnitten mit einer Hand? Ein Hoch auf Youtube und all die Menschen, die Videos von Postautos hochladen. Diese Freaks. (Beziehungsweise: Eltern.)

— «Ich werde mein Kind nie anlügen.» Hahahahaha! Hahahahahahahahahaaaa!

— «Ich werde nie Süssigkeiten als Druckmittel einsetzen.» Ich verfluche den Tag, an dem mein Sohn das erste Mal ein Bonbon gekriegt hat. Der Scheiss ist eine Droge, nicht weniger als das. Mein Sohn benimmt sich schlimmer als jeder Junkie, wenn er ein Bonbon will. Was heisst «will» – braucht. Dringend. Jetzt. Jeeeeetzt!!! Aaaaah! Arrrrgh! Zältli!! Uaaaah! Jeeeeeeeetzt! Er schafft es nicht, das Wort «Wasser» auszusprechen, das klingt mehr nach «Mache», aber «Zältli»? Wie ein Logopäde. Aber man kann damit arbeiten. Du willst ein Zältli? Dann räum die Autöli auf. Und ich bin auch total okay mit jedem Loch im Zahn, das entstanden ist, weil ein Zältli ihn von irgendeinem Schmerz abgelenkt hat.

— «Mein Kind schläft nie im Elternbett.» Es gibt einen Punkt des Schlafentzugs, wo man mit dem Kind auf einem toten Gürteltier schlafen würde, wenn es denn nur schliefe, von daher ist das Elternbett total okay.

— «Ich werde nie inkonsequent sein.» Weil das ist ja der Anfang allen Übels, oder? Wenn das Kind merkt, dass Regeln gebrochen werden können. Logisch. Dass ich diesen Vorsatz nicht umsetze, bereitet mir allerdings sehr wenig Kummer.

Und zwar deshalb: Ich halte es für eine wichtige Lektion fürs Leben. Die Welt ist so. Es gibt nicht nur eine Antwort auf die eine Frage. Es gibt nicht nur eine Zeit, um ins Bett zu gehen. Die Situationen, Menschen, Stimmungen verändern sich und mit ihnen die Regeln. Das ist kein Versuch, meine Schwäche schönzureden. (Wenn ich das wollte, würde es etwa so klingen: Ich geb meinem Sohn die Schokolade, nach der er zehn Minuten lang geschrien hat, weil er lernen soll, dass es sich lohnt, für seine Überzeugungen zu kämpfen.) Sondern tatsächlich eine Einsicht. Aber fragen Sie mich in einem Jahr noch mal, wahrscheinlich ist dann auch wieder alles anders.

Macht es glücklich, ein Kind zu haben? Die Antwort hängt vielleicht davon ab, wer fragt. Während in einem Gespräch von Angesicht zu Angesicht wohl die meisten «Ja» sagen (weil sich ein «Nein» wie ein Verrat dem Kind gegenüber anfühlen würde, das man ja sehr liebt / weil man ungern zugibt, eine falsche Entscheidung getroffen zu haben / weil das die gesellschaftlich akzeptable Antwort ist / etc.), sagen viele in der Anonymität einer wissenschaftlichen Umfrage «Nein». Der Nobelpreisträger Daniel Kahneman hat das Thema so richtig in die Öffentlichkeit gebracht: In einer Untersuchung mit 909 berufstätigen Müttern aus Texas stellte sich heraus, dass diese 15 von 19 Aktivitäten (wie Kochen, Einkaufen, Putzen) lieber machen, als ihre Kinder zu betreuen. Auch Dutzende nachfolgende Studien ergaben Ähnliches. Zusammengefasst kann man sagen: Mütter sind unglücklicher als Väter, alleinerziehende noch unglücklicher, am unglücklichsten sind Eltern mit Babys und Kleinkindern, und mit jedem Kind, das dazukommt, wird das Unglück noch ein bisschen grösser. Deshalb wurde 2009 eine Studie mit grossem Hurra empfangen, die herausgefunden haben wollte, dass das Gegenteil wahr ist: dass also Eltern glücklicher sind als Nicht-Eltern – leider hatte der Autor einen Fehler gemacht in der Codierung und musste sein Ergebnis korrigieren. Danach stützte auch seine Untersuchung den akademischen Allgemeinplatz, dass Kinder unglücklich machen. Was all diesen Befunden aber ein bisschen die Spitze nimmt, ist vielleicht einfach nur dies: Eltern haben mehr Sorgen als Nicht-Eltern, das liegt in der Natur der Sache. Schon rein rechnerisch: Wer nur die Ebenen Beruf-Freizeit-Beziehung-Haustier hat, hat weniger Ebenen, auf denen Probleme auftreten können, als jemand mit den Ebenen Beruf-Freizeit-Beziehung-Haustier-Kind. Ausserdem ist die Ebene Kind eine, die, im Gegensatz zu den anderen Ebenen, oft ein Problem hat mit den anderen Ebenen und darum mit denen Puff anfängt, was für den Ebenenmanager natürlich nicht angenehm ist. Das schlägt sich in Umfragen zur generellen Zufriedenheit nieder. Ist allerdings nicht gleichbedeutend mit konstantem, akutem Unglücklichsein. Irgendwie so.

Und ausserdem erschien vor einem Jahr noch eine Studie von Sonja Lyubomirsky et al., die bisher nicht korrigiert wurde. Bei dieser dreiteiligen Untersuchung kam heraus, dass Eltern glücklicher sind als Kinderlose.

Wenn man allerdings ein bisschen genauer hinschaut, zeigt sich, dass vor allem die Väter für dieses Ergebnis verantwortlich sind. Sie sind signifikant glücklicher als Nicht-Väter. Bei den Müttern war diese Tendenz deutlich schwächer (wenn überhaupt vorhanden).

Und jetzt denken wir mal alle zusammen darüber nach, warum das so sein könnte.

Was dafür spricht, so früh wie möglich Kinder zu haben: Die Gelenke knacken noch nicht so laut, dass das Kind davon aufwacht, wenn man sich aus dem Zimmer zu schleichen versucht.

Ich habe mir während der Schwangerschaft nie Gedanken darüber gemacht, was mit meiner Plazenta passiert nach der Entbindung. Entwischte mir einfach, das Thema, ich vergass schlicht, das Nachleben meiner Nachgeburt zu planen. Ich kenne aber recht viele Frauen, die ihre Plazenta auch Jahre nach der Geburt noch immer im Tiefkühlfach liegen haben, weil sie irgendwann darauf einen Baum pflanzen oder sonst irgendwas Symbolisches damit machen wollen. Wenn ich diese dunkelroten Eisbriketts meiner Freundinnen anschaute, empfand ich nicht viel dabei, ausser ein bisschen Sorge, dass es mit dem Gehackten daneben verwechselt werden könnte, wenn ich gerade zum Essen eingeladen bin. Und so kam es, dass meine Plazenta auf dem Müll landete, auf dem Krankenhausmüll, mit all den anderen Organen und Körperteilen und was weiss ich, und dann verbrannt wurde, in einer nicht sehr feierlichen Feuerbestattung. Das war bisher immer völlig okay für mich. Schliesslich hatte sie in dem Moment, als das Baby atmete, die Nabelschnur durchtrennt wurde, ihren Dienst getan. Jetzt, im Nachhinein, lerne ich erst, dass man auch einiges verklärter an die Sache herangehen kann. Beziehungsweise: aufgeklärter? Zumindest wusste ich vorher nicht, dass es meiner Gesundheit überaus zuträglich wäre, wenn die Bolognese tatsächlich mal mit Plazenta statt Rinderhack zubereitet würde. Denn Plazenta ist reich an Hormonen, Vitaminen, Mineralen und Nährstoffen, ist pure, massgeschneiderte Medizin gegen alle möglichen Wochenbettprobleme: Sie soll die Gebärmutterrückbildung beschleunigen, Blutungen verringern, die Milchproduktion ankurbeln, depressiven Verstimmungen vorbeugen, Energie geben und generell das Wohlbefinden steigern. Aber auch Babykoliken, Schlafprobleme und Hautkrankheiten sollen sich damit behandeln lassen. Plazenta zu sich zu nehmen ist angeblich total in; in New York, wo jeder Trend urbanen Natürlichkeitswahns seinen Anfang nimmt, gibt es inzwischen verschiedene Services, die die Plazenta verarbeiten, zu Kapseln oder einer Art Jerky oder auch Tinkturen und Salben.

Natürlich ist das keine neue Idee, sondern eine sehr alte, wiederbelebte. Nur ein paar von vielen Beispielen aus einem anthropologischen Kompendium aus dem Jahr 1935: Ungarische Frauen ässen Plazenta, um die Geburt zu beschleunigen, heisst es dort, in Italien glaube man, dass es die Milchbildung fördere und gegen Schmerzen helfe, und in der chinesischen Medizin ist die Verwendung von Plazenta seit Tausenden Jahren Usus. Es passt also hervorragend in diese unsere Zeit, da wir uns vertrauensvoll wieder den alten Sitten und der Natur zuwenden, weil uns alles moderne Menschengemachte zu entgleiten scheint. Und so werden heute wieder Plazentas gegessen, weil, und das ist das Hauptargument der Verfechter der Plazentophagie, alle karnivoren Säugetiere ihre Plazentas essen und es demnach richtig sein muss. Quatsch, sagen die Gegner, die Säugetiere essen ihre Plazentas, weil sie nicht wollen, dass Raubtiere angelockt werden. Und Quatsch, sagen die Verfechter wiederum, die restliche Sauerei, das ganze

Blut lassen sie ja auch liegen. Und jetzt, sagen die Gegner, müssen wir jetzt etwa auch unsere Babys sauber lecken, bloss weil die Säugetiere keine Feuchttücher zur Hand haben? Es ist letztlich der grosse Natur-versus-Kultur-Streit und vor allem ein emotionales, ekelbehaftetes Thema, denn wir sprechen von Kannibalismus.

Ich rufe meine Hebamme Franziska an und frage sie, wie sie eigentlich zu Mutterkuchen steht. «Aus der befruchteten Eizelle entsteht ja nicht nur das Kind», sagt sie, «sondern auch die Plazenta. Deshalb gibt es viele Kulturen, die sie als eine Art Geschwister des Kindes ansehen und sie zeremoniell beerdigen oder aufbewahren. Natürlich muss man ihr Respekt zollen, immerhin hat sie das Baby am Leben gehalten zehn Monate lang. Aber ich finde es doch etwas abstrus, sie zu essen.» Die wenigsten ihrer Klientinnen würden was mit ihrer Plazenta machen, sagt Franziska, aber sie betreue ja auch vor allem Frauen, die im Spital geboren haben. Das sei einfach eine andere Klientel, die Plazentaverarbeiterinnen, eher der Typ Hausgeburt.

Ich wende mich an eine andere Hebamme, von der ich denke, dass sie die Mutterkuchensache etwas romantischer angeht: Beatrix Angehrn. Sie hat ihren Sohn vor 15 Jahren in einer Wanne im Wald bei Wald im Kanton Zürich geboren. Unter freiem Himmel, neben Kühen, die kalbten. Sagt sie. Ihre eigene Plazenta vergrub sie dort ein paar Tage später in einer Zeremonie mit Gotti und Götti des Kindes, pflanzte einen Lindenbaum darauf, ein Symbol für Gesundheit, das fand sie noch schön. Ist das eigentlich legal, einfach irgendwo einen Baum zu pflanzen? «Weiss ich nicht», sagt Angehrn und lacht. «Hab ich mir nie überlegt.»

Mehr als die Hälfte der Gebärenden in ihrem Geburtshaus in Bäretswil würden ihren Mutterkuchen mit nach Hause nehmen, aber auch sie hatte noch nie eine Klientin, die ihre Plazenta gegessen hat, in welcher Form auch immer. Obwohl sie durchaus offen ist für Plazentathemen: «Wir haben in unserem Geburtshaus seit einigen Jahren die Praxis eingeführt, dass das Kind erst dann abgenabelt wird, nachdem die Plazenta geboren wurde.» Deren Arbeit sei nämlich mitnichten dann getan, sobald das Kind draussen ist, die Nabelschnur pulsiere manchmal noch bis zu einer Stunde, da würden immer noch Informationen getauscht. Das Kind selber gebe den Impuls, dass es an der Zeit sei, sich von der Plazenta zu verabschieden, was wiederum einen Hormonschub auslöse bei der Frau, jedenfalls, das hänge ja alles zusammen.

Es gibt allerdings Eltern, die das Kind auch dann nicht abnabeln, sondern lieber warten, bis es von alleine passiert: sogenannte Lotusgeburten. Das habe sie öfters bei Hausgeburten, sagt Angehrn. Die Plazenta wird dabei mit Meersalz und Kräutern eingerieben, damit sie nicht zu stinken anfängt, und in einem Stoffbeutel aufbewahrt, bis die Nabelschnur getrocknet ist und sich löst. Das kann bis zu zehn Tage dauern, während die Plazenta immer dabei ist: beim ersten Bad, auf den ersten Fotos in den Armen von Grossmami und Grosspapi, beim ersten Spaziergang. Man glaubt, Lotusbabys seien ausgeglichener und gesünder, weil sie den Schock der plötzlichen Abnabelung nicht erleben mussten.

Franziska, meine Hebamme, betreute auch schon eine Lotusgeburt und war da eher etwas besorgt, «weil das Baby doch empfindlich ist am Nabel und beim Bewegen der Plazenta oft gequiekt hat».

Was nicht wenige der Klientinnen vom Geburtshaus Bäretswil allerdings mit ihrer Plazenta machten, sei, sie zu homöopathischen Globuli verarbeiten zu lassen, sagt Angehrn. Das kann man zum Beispiel bei der Löwen Apotheke in Zürich. Die Aufträge hätten eher zugenommen in den letzten Jahren, sagt man dort, zwischen zwei und zehn pro Monat sind es heute. Am besten sei es, wenn die Plazenta so frisch wie möglich zu ihnen komme, spätestens allerdings nach 48 Stunden, dann bitte tiefgefroren. Haupteinsatzgebiet der Globuli: Erkältungen des Babys, Stärkung der Abwehrkräfte.

Es gibt offenbar nur eine Hebamme im deutschsprachigen Raum, die sich der Plazenta als Heilmittel komplett verschrieben hat: Cornelia Enning. Sie praktiziert im deutschen Mühlacker in der Nähe von Stuttgart und hat bei Books on Demand ein Buch herausgegeben zum Thema (*Heilmittel aus Plazenta: Medizinisches und Ethnomedizinisches*). Darin erklärt sie detailliert, wie das Organ getrocknet und zu Pulver verarbeitet oder auch gegen Neurodermitis eingesetzt wird: «Mit der mütterlichen Seite wird sie auf die betroffene Hautstelle gelegt. Der Patient spürt sofort, wie Wärme von der Hautstelle durch den Körper hindurchzieht. Manchmal ist das Wärmegefühl so stark wie bei einer Verbrennung. Die Temperaturveränderungen der Haut sind auf der Aussenseite der Plazenta, den Eihäuten, spürbar, denn auch die Plazenta selbst wird heiss. Nach kurzer Zeit schon wird das Plazentagewebe plötzlich kalt erscheinen, dann ist seine Wirkung beendet. Nun wird die Plazenta heruntergenommen und die Hautstelle vorsichtig abgetrocknet. Die neurodermitischen Blasen werden eingetrocknet und die Hautrötung verschwunden sein.»

Am Telefon sagt sie gleich zu Beginn, dass eine Hebamme eh nichts Geringeres als die «Hüterin der Plazenta» sei, «das ist unser Hauptgeschäft: die Plazenta in Ordnung zu halten». Enning klingt resolut, antwortet schnell und pointiert, widerspricht mit hörbarer Freude. Definitiv keine, die den Konsens sucht. «Alle!», ruft sie auf die Frage, wie viele ihrer Klientinnen denn ihre Plazenta verarbeiten und einnehmen.

12

«Alle!». Da werde nix weggeworfen oder vergraben, höchstens mal wenn es das achte Kind einer Frau war und die schon genug Plazentamedizin habe und dieses letzte Kind war ein Junge und sie bräuchte eigentlich eine Mädchenplazenta für den Schwager, der multiple Sklerose hat, «zur Bekämpfung dieser Symptome eignen sich die Plazentas von Mädchengeburten besser». Jedenfalls, wenn dann eine Plazenta vergraben werde, sei sehr eindrücklich, wie diese Bäume viel schneller wachsen und früher Früchte tragen als die anderen.

Die Plazentophagie sei ein alter Brauch, es gebe in Stuttgart ein Archiv mit Dutzenden Studien aus den 20er-Jahren zur medizinischen Verwendung von Plazenta. Früher war Rumänien Exportland Nummer eins, was menschliche Mutterkuchen angeht, spätestens seit Aids ist das natürlich vorbei. Aber tierische Plazentas seien immer noch überall drin, «wenn Sie auf Haar- und Hautprodukten ‹Polypeptide› lesen, dann ist das Schweineplazenta». Enning macht die Art der Verarbeitung am Verwendungszweck fest – soll das Mittel beispielsweise gegen Stillprobleme helfen, eignet sich die Tiefkühlung, weil dabei die Hormone erhalten bleiben, allerdings zerfallen so die B-Vitamine. Die Plazenta zu Zürcher Geschnetzeltem zu verarbeiten empfiehlt Enning nicht, beim Kochen gehe zu viel kaputt. Dehydrierung ist die Verarbeitung ihrer Wahl, danach wird die Plazenta als Pulver eingenommen. Auf der Pizza, im Frappé. «So ein Geschäft wie in New York, mit der Kapselherstellung, das würde hier nicht funktionieren. Das ist so amerikanisch, die finden igitt, Plazentapulver, aber in einer Plastikkapsel gehts dann. Wir sind hier etwas weniger heikel in Europa. Ausser natürlich die Französinnen, die würden so was auch nie machen, aber die stillen ja auch nicht und sind auch sonst keine Tiere wie wir.» Plazenta gleich roh zu essen sei eigentlich nur dann angebracht, wenn die Gebärende depressionsgefährdet ist und nicht vorrangig schon behandelt werden konnte mit Plazenta von einer früheren Geburt, wenn also ein Notkaiserschnitt gemacht werden muss oder das Baby zu früh kommt. «Dann geb ich der schon mal ein bisschen gleich so zum Essen.» Das muss nur daumennagelgross sein, «aber manchmal wollen die auch ein grösseres Stück mit etwas Zwiebeln auf ein Brötchen.» Sie habe schon oft festgestellt, dass gerade Frauen, bei denen eine postnatale Depression zu erwarten ist, innerhalb von zwei Stunden nach der Geburt die Plazenta und deren Geruch appetitlich finden, nach 5 Stunden aber wie alle anderen eher angewidert sind.

Was hat Cornelia Enning, die zwei Kinder hat, mit ihren eigenen Plazentas gemacht? «Hören Sie mal, ich bin über sechzig», ruft sie. «Damals war das gar kein Thema. Aber ich habe ja Enkel.» Ja, das ist schön. Wie, ach so? Sie nehmen die Plazentas ihrer Enkel ein? «Na klar! Gegen Altersdemenz, fürs Lymphsystem, Knie, Bandscheiben, Schilddrüsen. Und die Katze kriegt Plazenta wenn sie mal wieder gestresst ist. Plazenta und Didgeridoo-Musik.»

Ich habe noch nie einen Amerikaner korrigiert, der die Länder verwechselte und meinte, ich komme aus Schweden. Das passiert ja tatsächlich. Es hat mich aber nie gestört, im Gegenteil, diese Kurzzeit-Identität als Schwedin schien mir immer recht schmeichelhaft. Für eine Schwedin gehalten zu werden fühlt sich gut an, ich bin jeweils stolz, temporäre Schwedin zu sein. Das Land ist immerhin leuchtendes Beispiel für sehr vieles, für eine tiefe Armutsrate, einen extrem hohen Bildungsstandard, die Schweden scheinen einfach einiges richtig zu machen. Ich glaube auch nicht, dass es ein Zufall ist, dass Ikea und H & M in Schweden entstanden sind, diese beiden Firmen stehen ja eigentlich für nichts anderes als das Recht eines jeden Menschen auf ein gemütliches Zuhause und zeitgemässe Kleidung, sie sind die privatwirtschaftliche Weiterführung des sozialstaatlichen Gedankens, wenn man so will.

2012 war ich in Stockholm – die Botschaft lud Journalisten zu einem Programm zum Thema Gleichstellung und Familienpolitik ein. Es ist ja hinlänglich bekannt, dass gerade in diesem Bereich ein paar Jahre zwischen den skandinavischen Ländern und dem Rest der Welt liegen, aber ich habe doch noch einiges erfahren, was mir neu war. Hier meine Notizen:

— Etwa 90 Prozent der schwedischen Kinder unter fünf Jahren besuchen Tagesstätten. Der monatliche Höchstbetrag (für fünf Tage die Woche): rund 170 Franken. Dass hinter dieser Idee nicht nur die Ermöglichung und Förderung der Erwerbstätigkeit von Frauen steckt, sondern auch die Überzeugung, dass externe Betreuung dem Kind guttut, lässt sich daran ablesen, dass drei Stunden pro Woche gratis sind – und die werden in den meisten Fällen wahrgenommen, auch von Vollzeitmüttern.

— Wir haben eine Kita besucht, die so toll war, dass ich sofort wieder Kind sein und dort einziehen wollte. Wunderschön und liebevoll eingerichtet, entzückendste Rituale, sehr tolle Bastelprojekte. Bei zig Sachen dachte ich sofort: Das muss ich auch machen mit meinem Sohn oder für ihn. Und kapierte dann, dass ich das alles gar nicht leisten kann. Und gar nicht muss, mein Sohn geht schliesslich auch in die Krippe. Dass genau das der Unterschied zwischen Eltern und Profis ist.

— Bei der Geburt eines Kindes haben die Eltern Anspruch auf 480 Tage Elternzeit. 360 davon können nach Belieben aufgeteilt werden. Frauen beziehen rund 75 Prozent.

— Man könnte meinen, die stärkere Einbeziehung von Vätern sei eine Entlastung für deren Partnerinnen, doch die Normen, was eine «gute Mutter» ausmacht, haben sich kaum geändert, und in den Teppichetagen sitzen genauso wenige Frauen wie sonstwo. Man erklärt sich das übrigens ganz offiziell mit dem Umstand, dass Putzfrauen und sonstige Haushaltshilfen in Schweden verpönt sind und Mütter unter anderem deswegen Teilzeit arbeiten.

— Man kann in Schweden bei der Heirat sowohl Doppelnamen für alle, also auch fürs Kind, annehmen als auch einen komplett neuen für die ganze Familie erfinden. Viele verschmelzen dabei die Nachnamen beider Eltern. Was für mich die logischste aller Lösungen ist.

— Eine Expertin für Familienfinanzen erzählte, dass sie von geschiedenen Frauen erschreckend oft den Satz höre, seit das Kind je eine Woche bei ihr und dem Vater sei, stimme die Situation für sie mehr denn je.

Seither rät sie allen gestressten Müttern, diese Aufteilung schon vor der Scheidung auszuprobieren: Abwechselnd ist je ein Elternteil eine Woche lang verantwortlich für alles, was mit dem Kind zu tun hat.

Daneben, dass ein Kind einem Erfüllung und Lebenssinn und so schenkt, ist es auch die beste aller Ausreden für jegliche Verabredungen, auf die man grad keine Lust hat.

16

Vielleicht erinnern Sie sich: Es gab letztes Jahr ein Cover des amerikanischen «Time»-Magazine, das weltweit für Diskussionen sorgte. Darauf ist eine junge, hübsche, schlanke, blonde Frau zu sehen, sie trägt enge Jeans und ein dunkelblaues Spaghettiträger-Top, schaut direkt in die Kamera, den rechten Arm in selbstbewusster Pose in die Hüfte gestützt. Der Ausschnitt ihres Tops ist unter ihre linke Brust geschoben, daran saugt ein Junge, er trägt ein graues Shirt und Armyhosen und steht auf einem Stuhl und ist sehr offensichtlich aus dem Stillalter raus (er ist vier). Die Schlagzeile lautet: «Are You Mom Enough?» Ein paar Gedanken dazu:
— Ich habe vor Jahren mal eine Dokumentarsendung gesehen, in der ein Ehepaar vorkam, das seine beiden Söhne von etwa sechs, sieben Jahren selbst unterrichtete, die beiden durften auch keine Freunde haben und verbrachten jede Minute entweder im Wald oder mit den Eltern, weil diese überzeugt waren, andere Menschen, die Welt an sich sei ein schlechter Einfluss. Die Mutter stillte diese beiden Jungen ausserdem noch. Ich sehe noch heute vor mir, wie sie, mit grausträhnigen Haaren bis zur Hüfte und einem langen, geblümten Rock auf der Gartenbank sitzt, der Junge kommt an, legt sich auf die Bank, seinen Kopf in ihren Schoss und hebt ihr T-Shirt hoch (kein BH), sie nimmt eine Brust in die Hand (wie man einen Hamburger hält) und steckt ihm ihre lange, grosse Brustwarze in den Mund. Sein Kopf liegt in ihrem Arm, wie sonst beim Stillen ein ganzes Baby im Arm liegt. Das war ekelerregend. Ich entwickelte beim Schauen der Sendung einen grossen Hass auf diese Eltern, die immer lächelten und erzählten, wie sehr sie ihre Kinder liebten und dass sie deshalb all dies auf sich nähmen. Und die Kinder taten mir einfach nur leid (obwohl sie sagten, sie fänden ihr Leben schön), und als die Mutter dem Kleinen ihre Brustwarze in den Mund

steckte, da fühlte es sich an, als hätte ich gerade einen sexuellen Übergriff beobachtet.

— Und jetzt dieses Cover. Meine Reaktion ist nicht die gleiche. Natürlich, es hat meine Aufmerksamkeit erregt, und ich hab mich sogar ein bisschen erschrocken, aber die Abscheu hält sich in Grenzen. Warum? Einerseits wohl, weil das Kind, obwohl schon recht alt für einen Säugling, doch noch etwas jünger ist als die Jungs in der Sendung. Andererseits vielleicht auch, weil die Frau so gut aussieht. Ich dachte erst, sie sei ein Model, das Ganze sei gestellt. Das hätte ich dann wirklich geschmacklos gefunden. Aber so? Vielleicht ist es der alte Beauty Bias: Man ist attraktiven Menschen gegenüber generell positiver eingestellt, glaubt eher daran, dass sie gut sind und das Richtige tun. Würde mich interessieren, wie der Shitstorm ausgesehen hätte, wenn die Fadenhexe aus der Dok-Sendung auf dem Cover gewesen wäre.

— Das ganze Cover ist auf Krawall gebürstet: die Haltung der Mutter mit dem keck aufgestützten Arm, der herausfordernd-direkte Blick und dazu natürlich diese überlaute Frage – «Are You Mom Enough?». Bleibt einem ja nichts anderes übrig, als sich schon mal defensiv aufzuplustern.

— Wussten Sie, dass Männer stillen können? Deshalb haben sie nämlich auch Nippel: Bis zu einem bestimmten Zeitpunkt in der Entwicklung sind männliche und weibliche Föten ununterscheidbar. Die Anlage zu Brustgewebe ist bei Männern vorhanden, deshalb entwickeln Jungs in der Pubertät auch nicht selten etwas Busen. Und die Milchproduktion ist einzig eine hormonelle Angelegenheit. Männliche Laktation wurde zum Beispiel nach dem Zweiten Weltkrieg bei Tausenden Fällen von KZ-Überlebenden dokumentiert: Bei Unterernährung arbeiten weder die hormonproduzierenden Nebennieren noch die hormonabsorbierende Leber richtig, aber wenn wieder eine normale Ernährung einsetzt, erholen sich die Nebennieren viel schneller als die Leber – was zu einem hormonellen Ungleichgewicht führt. Auch Tumore, die die prolaktinbildende Hirnanhangdrüse beeinflussen, können zu Milchbildung führen. Ebenso gewisse Herzmedikamente oder Psychopharmaka.

— Im Sinne der Gleichstellung fordere ich also stillende Männer! Prolaktinpillen! Macht die Kerle auch kuscheliger.

— Wenn man das Cover herumzeigt, ist die Reaktion immer die gleiche: Igitt. (Und Männer schicken irgendwann nach: Aber sie ist ziemlich heiss.) Warum finden wir das Stillen von älteren Kindern ekelig? Sehen wir die schon als sexuelle Wesen, und damit wird auch die mütterliche Brust wieder sexuell? Gibt es einen spezifischen Zeitpunkt in der Entwicklung eines Kindes, ab dem wir es nicht mehr normal finden, wenn es gestillt wird? Vielleicht mit der Einführung der festen Nahrung, weil Muttermilch davor einfach noch mehr eine Notwendigkeit ist?

— Vielleicht riecht der Atem des Kleinen noch nach der Pizza, die er vor dem Fotoshooting gegessen hat. Und vielleicht steckt er gerade in der Phase, wo es ihm Spass macht, «Scheisse» zu sagen und obszöne Gesten zu machen.

— Der Junge trägt Vierfruchthosen. Ein kleiner, saugender Soldat. Ich versuche mir vorzustellen, es wäre ein Mädchen – würde das etwas verändern?

— Diese Frau auf dem Cover, eine Bloggerin aus L.A., Verfechterin des sogenannten Attachment Parenting, der «bindungsorientierten Erziehung», hat übrigens noch einen Adoptivsohn, den hat sie auch gestillt. Beziehungsweise sie hat ihn gefragt, ob er auch gestillt werden möchte, denn er war schon vier, als sie ihn adoptierte. Und er sagte: Au ja, das wär fein, pack die Dinger mal aus, Alter.

— Ob der Kleine irgendwann gehänselt wird wegen dieses Bildes? Ich erinnere mich an den Tag, als wir unsere Fotoalben mit in die Schule bringen sollten. Einer meiner Kameraden hatte vergessen, die Aufnahmen, wo er nackt auf einem Schaffell strampelt, zu entfernen. Er wurde wochenlang aufgezogen deswegen.

— Es ist zumindest jetzt schon ein Mem: Im Internet gibt es unzählige Photoshop-Verarschungen des Covers. Der Kleine saugt an allem, von der Hindenburg über Obama bis zu Botticellis Venus.

— Ich habe sechs Monate gestillt. Die ersten vier Monate voll, das war wunderbar und auch sehr praktisch, wir sind viel gereist in dieser Zeit. Die letzten zwei Monate nur noch morgens und abends, und dann hat sich mein Sohn innert zwei Tagen von alleine abgestillt. Ich stellte verwundert fest, wie schön es ist, meinen Körper wieder für mich zu haben.

— Denn das bedeutet Stillen auch, neben Nähe, Wärme, Fürsorge: seinen Körper zu teilen. Was man ihm zuführt, führt man auch einem anderen zu. Das ist eigentlich ziemlich verrückt, wenn man so darüber nachdenkt. In der Praxis bedeutet es: keinen Alkohol, keine Drogen, keine Zigaretten. Wenn das Kind laktoseintolerant ist, muss man selber auch auf Milch verzichten. Wenn das Kind Knoblauch nicht mag, gibts keinen Knoblauch mehr. Ausserdem braucht die Milchbildung ganz schön viel Energie, da muss man ziemlich reinhauen, um nicht abzumagern. Was sind das für Frauen, die neben all den anderen Auflagen und Einschränkungen, die ein Kind bedeutet (und sehr viel Glück und Freude und Erfüllung, natürlich, natürlich, natürlich, ganz klar), auch noch diese auf sich nehmen?

— Wie ist das eigentlich mit dem Sex? Wahrscheinlich ist es Männern recht egal, ob diese Brüste gerade laktieren oder nicht. Aber die Mütter? Wird da problemlos geswitcht zwischen Nahrungs- und Freudenspendern? Eben noch hat sich das Söhnchen daran zu schaffen gemacht, jetzt der Ehemann? Ein paar Monate kann man die Brüste sexuell ja ausblenden. Aber drei, vier, fünf Jahre?

— Ich stelle mir vor, wie Elisabeth Badinter, die französische Philosophin, die mit ihrem tollen Buch *Der Konflikt* gegen die Natürlichkeitsversklavung von Müttern anschreibt, am Frühstückstisch sitzt und sich beim «Le Monde»-Lesen beiläufig-elegant, wie es nur Französinnen können, Croissantkrümel vom Schoss wischt, als ihr jemand dieses Heft auf die aufgeschlagene Seite legt. Sie studiert das Titelblatt einen Augenblick aufmerksam und seufzt dann, ein lang gezogenes «Aaaah», in dem die ganze vor ihr liegende Arbeit steckt.

Die beste Antwort auf die recht indiskrete Frage, ob man ein weiteres Kind wolle, ist eigentlich: Lieb von dir, aber ich muss leider ablehnen.

Der deutsche Journalist Nils Pickert wurde im Sommer letzten Jahres über Nacht weltberühmt. Auf der Website von «Emma» erschien ein Artikel von ihm darüber, wie er seinen fünfjährigen Sohn, der gern die Röcke seiner älteren Schwester trägt, unterstützt: indem er auch einen Rock anzieht. Dazu gab es ein Bild, die beiden von hinten, Hand in Hand in einer Kleinstadt, Kopfsteinpflaster, Strassencafés, beide barfuss, der Kleine in einem roten Kleid mit Spaghettiträgern, Nils Pickert in einem knöchellangen roten Rock.

Den Hype erledigte das Internet. (An dieser Stelle bitte kurz kontemplieren, was es bedeutet, dass so ein Bild um die Welt geht. Ein Mann und ein Kind in Röcken. Verrückt!) Er wollte seinem Sohn nicht ausreden, Röcke zu tragen, schrieb Pickert in diesem Text, denn es gibt ja keinen Grund, warum Jungs keine Kleider tragen sollten. Aber weil er gehänselt wurde und weil man von so einem kleinen Kerl nicht das gleiche Durchsetzungsvermögen wie von einem Erwachsenen erwarten könne, entschied er sich, Vorbild zu sein. Nicht so sehr im Rocktragen, sondern im Freidenken. Und ein Vorbild ist er, wie ich finde, bei Weitem nicht nur für den Sohn. Diesem Mann musste ich jedenfalls unbedingt ein paar Fragen stellen.

Von: Michèle Roten
An: Nils Pickert
Betreff: Wie Vater sein

Lieber Nils,
liege ich richtig mit der Befürchtung, dass es Leute gab, die zu dir kamen und sagten: Und wenn dein Sohn plötzlich nackt herumlaufen will, machst du das dann auch?

Von: Nils Pickert
An: Michèle Roten
Betreff: Wie Vater sein

Liebe Michèle,
ja, das ist ganz richtig. Im Zuge der Rockgeschichte (und auch davor) gab es immer wieder Vergleiche, die alle in

dieselbe Richtung zielten: Wenn dein Sohn ... würdest du dann etwa auch. Rocktragen wurde verglichen mit schlagen, spucken, auf die Strasse kacken, extreme Parteien gründen, anfeinden.

Daran zeigt sich, dass diese moralinsaure Frage vollkommen danebenzielt. Es steht gar nicht zur Debatte, dass man als Eltern nicht jeden Scheiss der Kinder mitmachen sollte. Aber seit wann ist ein Kleidungsstück jeder Scheiss? Der Junge trägt ein Stück Stoff, weil er sich darin gefällt. Er macht weder eine politische noch religiöse oder sexuelle Aussage und will auch sonst nichts transportieren ausser: Ich finde mich im Kleid super (vielleicht noch: Ich find meine grosse Schwester super, und die trägt auch Kleider). Warum sollte man ihm das ausreden wollen?

Von: Michèle Roten
An: Nils Pickert
Betreff: Wie Vater sein

Auf keinen Fall ausreden! Aber während ich vor allem die Rocktrageaktion deines Sohnes, aber auch deine super finde (weil ich jeden Versuch, die Genderstereotypen aufzuweichen, super finde), kommt mir das ein bisschen in die Quere mit meiner Erziehungsphilosophie (Moment, das ist etwas hoch gegriffen. Vielleicht eher: etwas, was ich mir mal überlegt habe), die da heisst: weil ich erwachsen bin und du nicht. Sprich: Mein Sohn muss einen Helm tragen auf dem Fahrrad und ich nicht, weil ich erwachsen bin und er nicht. Mein Sohn muss um neun ins Bett und ich nicht, weil ich erwachsen bin und er nicht. Mein Sohn darf nicht rauchen und ich schon, weil ich erwachsen bin und er nicht. Ich finds irgendwie bescheuert, wie sich viele Eltern um Kopf und Kragen reden, wenn die «Und warum du (nicht)?»-Frage kommt. Ich versuche absolut, so gut wie möglich zu sein und meinem Sohn das Allerwichtigste vorzuleben, aber irgendwie ist das doch alles schon anstrengend genug. Muss man denn wirklich immer Vorbild sein? Hätte es nicht gereicht, deinem Sohn zu sagen: Do it, trag den Rock, mach, was dir gefällt?

Von: Nils Pickert
An: Michèle Roten
Betreff: Wie Vater sein

Okay, da kommen jetzt mehrere Sachen zusammen. Die «Warum darfst du das und ich nicht?»-Frage muss man selbstverständlich mit «Ich bin erwachsen und du nicht!» beantworten können. Aus meiner Sicht jedoch nur im Fall der Fälle. Das heisst für mich: Im Normalfall sind meine Kinder mir als Familienmitglied gleichgestellt. Wenn es ernst wird, gilt aber ausschliesslich, was ich sage. Diese Art der Erziehung ist anstrengender, weil die Kinder Grenzen nur dann gesetzt bekommen, wenn sie notwendig sind, und sich ansonsten frei bewegen. Sprich: Wenn sie dann mal kommen, finden sie die auch schon mal eine Frechheit und eine Zumutung. Auf der anderen Seite will ich nicht (wie andere Eltern, die ich kenne) ein permanentes Machtgefälle demonstrieren. Letztendlich verpasst man dabei, sich seinen Kindern als Mensch zu zeigen und sie als Menschen zu erleben. Muss man immer Vorbild sein? ist eine andere Frage, und um sie zu beantworten: Nein, muss man nicht! Andersherum wird ein Schuh draus. Ich bringe meinen Kindern nicht bei, was ein Mann ist, sondern ich verhalte mich verantwortungsvoll, peinlich, fürsorglich, scheiternd, lustig, verzweifelt, ehrlich und streng, und weil ich ein Mann bin, assoziieren sie das mit meinem Geschlecht. Da gibt es kein festes «Das ist ein Mann»-Paket.

Und nun zu der Rockfrage: Möglicherweise hätte das gereicht. Aber mein Sohn hat mich explizit um Hilfe gebeten. Und darüber hinaus sehe ich das wie folgt: Wir Erwachsenen verlangen von unseren Kindern interessanterweise mehr moralische Integrität als von uns selbst. Sie sollen nicht fluchen, lästern, schlagen, sich hängen lassen, gemein sein. Stattdessen sollen sie fleissig sein, nett zu anderen, vorsichtig, aber nicht ängstlich, begabt, aber nicht streberhaft, stark, aber keine Schläger, selbstbewusst, aber nicht renitent. Ähm, sonst noch was?! Die Kinder haben den Ansprüchen zu genügen, denen wir selbst nicht gerecht werden. Mein Sohn hat eine Überzeugung und hat sich bemüht, in der Sache seinen kleinen, fünfjährigen Arsch hochzubekommen. Soll ich jetzt so: Ja, Söhnchen, alles ganz wichtig, Selbstbestimmung, Gleichberechtigung, Werte, Überzeugungen – aber geh mal alleine raus, ich bleib hier hocken? Nicht mit mir. Ein letzter Punkt zur Frage «Reicht nicht unterstützen, muss man auch noch ermutigen?»: Der englische Journalist Jake Wallis Simons hat einen Artikel über mich geschrieben, in dem er klar sagt, alles ganz super, aber das geht so zu weit. Das Spannende daran ist, dass Simons einen berühmten schwulen Cousin hat, der sich landesweit für Homosexuellenrechte einsetzt und dafür eines

Abends so schlimm verprügelt wurde, dass er an den
Folgeschäden immer noch leidet. Und Simons kapiert
einfach nicht, dass die Gesellschaft auch so ist, wie
sie ist, weil Leute wie er den Arsch nicht hochbekommen.
«Schwul sein ist irgendwie ok, aber jetzt lass mal das
Thema wechseln» reicht eben nicht. Stattdessen lieber:
Wer Minderheiten ausgrenzt und Menschen verletzt,
ist ein feiger Pisser und sollte so auch genannt werden.
Warum bringen wir das unseren Kindern nicht bei?
Jake macht die Augen zu und hofft, dass es gut geht. Ich
mach das anders. Ich warte nicht darauf, ob meine Kinder
Aussenseiter werden, und handle dann aus Betroffenheit.
Der Umgang mit anderen Menschen betrifft uns sowieso
alle. Jake Wallis Simons lebt in Toleranzstrukturen,
die andere für ihn erstreiten. Und dann hat er nicht mal
die Eier, sich dafür zu bedanken.

Fortsetzung auf Seite 69

«Mutterisch» wird in der Sprachwissenschaft die Varietät genannt, die zum Einsatz kommt, wenn mit Babys gesprochen
wird, sie zeichnet sich aus durch eine «hohe Tonlage, deutli-
ches Sprechen, übertriebene Satzmelodie, Pausen zwischen
den einzelnen Phrasen, Betonung besonders wichtiger Wörter,
Wiederholungen und Vermeidung komplizierter Sätze».
Wenn man auf Google «Vaterisch» eingibt, kommen 10 600
Links zu Variationen von «Mi Vater isch en Appezeller».

Wer ist Chef Baby? Testen Sie Ihre Beziehung!

— Wer hat den warmen Sack für den Kinderwagen gekauft?
— Wer hat den Überblick über den Windelvorrat?
— Kinderarzt-Besuche?
— Ausgeliehene Kleider?
— Den Oxyplast-Vorrat?
— Wer weiss, was Oxyplast ist?
— Wer weiss, was Osa ist?
— Wer weiss, was zu tun ist, wenn das Auge chronisch tränt?
— Wer reagiert zuerst, wenn das Kind weint?
— Wer weiss, ob Karotten eher stopfen oder eher abführen?
— Reis?
— Wer recherchiert online, wie man das Kind zum Durch-
  schlafen bringt?
— Wer wird zuerst angerufen, wenn das Kind aus der Krippe
  geholt werden muss, weil es krank ist?
— Wer notiert die Meilensteine in der Entwicklung?
— Wer sass schon öfter mit dem Kind auf dem Schoss auf
  dem Klo?
— Wer wird gefragt, wenn Verwandte nicht wissen, was sie
  dem Kind schenken sollen?
— Wer misst öfter Fieber?
— Wer schneidet öfter die Nägel?
— Wer war schon mal in einer Kinderkleiderbörse?
— Wer weiss die aktuelle Kleidergrösse?
— Wer weiss die aktuelle Schuhgrösse?
— Wer weiss, von welchen Schuhen das Kind Blasen kriegt?
— Wer sagt öfter «Könntest du bitte kurz …» und dann folgt
  irgendwas, das mit dem Kind zu tun hat?
— Wer sucht nach komplementärmedizinischer Hilfe?
— Wer weiss, was ein Schoppenbaum ist?

— Wer kann das Kind schneller beruhigen?

— Wer packt den Koffer für das Kind, wenn die Familie in die Ferien fährt?

— Wer war schon mal auf einem Mütterforum im Internet?

— Wer kennt mehr Namen der anderen Kinder in der Krippe?

— Wer organisiert den Kindergeburtstag?

Die Auswertung: Wer die meisten Fragen mit «ich» beantwortet hat, ist Chef Baby. Herzliche Gratulation!

Mal schauen, wie es in Deutschland so läuft: ein Tag auf dem Hasenspielplatz in der Kollwitzstrasse, Berlin.

Die Kinder auf dem Hasenspielplatz, einem von sehr vielen Spielplätzen in Prenzlauer Berg, heissen Nepomuk und Frieda, auch eine Juni rennt herum, und man möchte gleich ein Kind machen, nur um es August zu nennen und die Leute dann zu korrigieren, wenn sie *Au*-gust sagen: Nein, man spricht es Au-*gust* aus, wie der Monat.

Hier in Prenzlauer Berg wäre das okay, die Leute fänden das ah, interessant und, ah, speziell, denn die Kinder der Menschen von Prenzlauer Berg sind interessant und speziell, und deshalb brauchen sie auch entsprechende Namen. Dass es in Prenzlauer Berg absurd viele Spielplätze und absurde Kindernamen gibt, erklärt sich in der Kurzfassung so: 1989, Mauerfall, billige Wohnungen im Osten, junge Boheme zieht ein, forstet kulturell auf, Yuppie-Boheme zieht auch ein, junge Boheme zieht weg, Yuppie-Boheme bleibt, kommt in die Jahre, arriviert, macht Kinder – et voilà. Und so rennt auch Yoram- («nein, Yoram, nicht Johann» und «nein, mit einem Y» und «nein, wir sind nicht jüdisch, uns gefiel einfach der Klang»)-

Yannick in seinen Elefantensandalen und der Ökowindel, die einen etwas kartonigen Eindruck macht, durch den Sand-Wasser-Matsch, während seine Mutter einen Ananas-Minze-Smoothie kauft bei «Die Eisbüfee und der Waffler». Das ist das sehr Nette an diesem Spielplatz an der Kollwitzstrasse: Man kann Eis essen, während man aufpasst, dass die Kinder sich nicht umbringen. Und es hat Hasen. Und eine Wasserpumpe und vor allem Schatten, etwas, das bei der Konzeptionierung der meisten Spielplätze in Prenzlauer Berg komplett vergessen wurde und an heissen Sommertagen zum Problem wird. Aber es ist generell sehr nett in diesem Kiez, zumindest für Familien: all die kinderfreundlichen Cafés mit Angeboten wie etwa dem Babyccino (einer Tasse voll Milchschaum), die Bio-öko-zuckerfrei-und-vegan-Imbisse, die Kinderkleidersecondhandläden, die Shops mit von Szenis handgemachten Spielsachen – das macht mit Kindern für ein paar Stunden tatsächlich Spass, während es für Menschen ohne Kinder natürlich die infantile Hölle ist. Und vor allem der Untergang des harten, coolen, authentischen Berlin.

Die Mutter von Yoram-Yannick muss gleich los, Yoram-Yannick zu den Grosseltern bringen, wo er jede Woche von Mittwochabend bis Freitagabend ist. Sie hätten damals keinen Kitaplatz gefunden und das mit den Schwiegereltern als Notlösung eingerichtet, es habe aber dann so gut funktioniert für alle Beteiligten, dass man gleich dabei geblieben sei. «Und es ist ja auch schön, zwei Abende für sich zu haben.» Blöd nur, dass die Grosseltern 100 Kilometer weit weg wohnen. Aber sie dürfe sich nicht beklagen, sagt die Mutter von Yoram-Yannick und nimmt den letzten Schluck Smoothie – die Mutter einer Freundin fahre mehr als 200 Kilometer pro Weg, um auf den Enkel aufzupassen. Und dann: «Yoram-Yannick! Wir müssen lo-hos!»

Das Thema der fehlenden Betreuungsplätze für Kinder unter drei Jahren ist momentan ein brennendes in Deutschland. 2012 erschien eine Untersuchung des Statistischen Bundesamts, die ergab, dass viele Deutsche gern mehr arbeiten würden – vor allem Frauen in Teilzeit –, aber es hakt bei der Kinderbetreuung. «Nido», das Leitorgan der jungen, urbanen Eltern, hat im Juni 2012 eine Petition gestartet mit der Parole «Wohin mit unseren Kindern, Frau Schröder?». Bezug genommen wurde damit auf den Countdown, der gerade abgetickert ist: Seit August 2013 gilt der Betreuungsanspruch für Kleinkinder zwischen einem und drei Jahren. Beschlossen wurde das Betreuungsrecht 2008, es wurden 4,5 Milliarden Euro gesprochen, bürokratische Vorgaben vereinfacht, Anreize für Unternehmen geschaffen – aber irgendwie wurde das Thema verschlampt (vom Familienministerium, von den Ländern, den Kommunen, wem auch immer, jeder zeigt mit dem Finger auf jeden). Laut dem Deutschen Städtetag fehlen momentan noch rund 100 000 Plätze.

«Nido» wollte der Misere ein Gesicht geben und porträtierte Familien, die ihre Lage schildern, ihre Geschichte mit der Betreuungsnot. Da wurde gelogen und «alleinerziehend» angegeben, weil das die Chancen auf einen Kitaplatz erhöht. Jemand erzählte von der Kitachefin, die den Platz nur unter der Bedingung vergibt, dass man bei ihr einen Elternkurs für 180 Euro im Monat bucht. Eltern berichteten, dass sie regelrecht ausgelacht wurden, als sie nach Plätzen fragten. Andere waren auf mehr als zwanzig Wartelisten, zum Teil auf Position Nummer 300 und höher. Und sehr, sehr viele Frauen befanden sich in der Figgi-Mühli-Situation der negativen Art: kein Kitaplatz, kein Job; kein Job, kein Kitaplatz.

Ein paar der «Horror»-Geschichten allerdings ähneln dem, was in der Schweiz absolut normal ist. Der Standardablauf geht so: Schon in der Schwangerschaft werden mindestens zehn Krippen angefragt, dort kommt man auf die Warteliste und wird gebeten, von sich aus immer wieder anzurufen (Freunde und Bekannte raten, absolut auch mit selbst gebackenem Kuchen vorbeizugehen und Collagen aus den Ultraschallbildern zu basteln oder ein Bewerbungslied zu komponieren). Gerade wer auf einen der superraren subventionierten Plätze (von den eh schon raren Babyplätzen für unter Zweijährige) spekuliert, spekuliert tatsächlich, denn ob man Anrecht auf Unterstützung hat, kann erst abgeklärt werden, wenn das Kind geboren ist. Aber die Krippen wollen natürlich doch gern schon vorher einen Beweis, dass man die Subventionen später dann auch wirklich kriegt. Das ist irgendwie alles recht verwirrend, es kostet Nerven, einen Krippenplatz zu finden. Aber man nimmt das so hin, hier in der Schweiz, niemand geht auf die Barrikaden deswegen.

Peter ist der einzige Vater auf dem Hasenspielplatz. «Aber das ist eigentlich selten, normalerweise hat es mehr Männer mit ihren Kindern. Hier ist das normal. Wenn ich mit dem Kleinen in anderen Stadtteilen unterwegs bin hingegen, da werden wir schon schief angeschaut.» Es sei durchaus immer noch der Normalfall, dass der Mann 100 Prozent weiterarbeitet, wenn Nachwuchs da ist. Das sei so eine Mischung aus Machismo und konservativem Denken in Deutschland. Peter korrigiert sich – so richtig angekommen sei es auch in Prenzlauer Berg noch nicht, dass Männer sich ebenbürtig an der Aufzucht beteiligen. Zum Beispiel beim PEKiP, da sei er sich als einziger Mann schon komisch vorgekommen. (PEKiP, das Prager Eltern-Kind-Programm, ist ein Frühförderungskurs für Babys. Aber total spielerisch und anthroposophisch.) Peter trägt einen dieser Bärte und eines dieser qualitativ hochwertigen, kaputt getragenen T-Shirts. Er ist Kulturschaffender im Filmbereich, seine Frau Drehbuchautorin, und sie «machen wirklich 50-50». Sie hätten sich die Elternzeit aufgeteilt – also die bis zu 36 Monate, die den Eltern pro Kind zustehen und meist zum grössten Teil von der Mutter in Anspruch genommen werden, in ein gemeinsames Jahr Ferien umgemünzt. Und deshalb sei der Kleine auch gleich danach, als Einjähriger, schon zur Tagesmutter. Schon?, frage ich. Peter reisst die Augen auf: Das sei in Deutschland extrem früh, seine Freundin gelte schon als Rabenmutter deswegen. Eine Tagesmutter-Betreuung übrigens deswegen, weil sie – ebenfalls – keinen Kitaplatz gekriegt hätten. Und dann fand folgender Dialog zwischen uns statt:

Ich: «Was kostet denn so eine Tagesmutter-Betreuung in Berlin?»

Peter: «Wir zahlen 47 Euro.»

«Siebenhundertvierzig?»

«Nein, siebenundvierzig.»

«Ach so, pro Tag.»

«Nein, pro Monat.»

«Für wie viele Tage?»

«Fünf.»

«Im Monat?»

«Nein, pro Woche.»

Fünf Tage die Woche, vier Wochen pro Monat ist Henry von morgens 9 bis 15 Uhr bei der Tagesmutter, für 47 Euro, inklusive Essen. Das ist natürlich ein öffentlich geförderter Platz, eine Tagesmutter kriegt pro Kind rund 600 Euro vom Jugendamt. Zum Vergleich: Ein maximal subventionierter Tagesmutterplatz kostet die Eltern in der Stadt Zürich für fünf Tage die Woche rund 200 Franken monatlich.

Peter ist der Meinung, dass die etwa zwei Milliarden Betreuungsgeld (auch «Herdprämie» genannt, das andere brennende Familienthema in der Bundesrepublik) besser in den Ausbau der Kindertagesstätten gesteckt werden sollten. Denn für gut ausgebildete Frauen seien diese «was, 100 Euro?» sowieso kein Anreiz, zu Hause zu bleiben, und schon gar nicht, überhaupt Kinder zu kriegen. «Alles, was die wollen, ist die tatsächliche Möglichkeit, ein Kind zu haben und doch weiterzuarbeiten und auch weiterzukommen im Beruf.» Interessant sei dieses Betreuungsgeld also eher für schlechter gestellte Familien, und dort wiederum stelle sich oft die Frage, ob die Kinder in einer Kita nicht besser gefördert und integriert würden, und vor allem: «So wie es im Moment aussieht, werden wir in den nächsten Jahren absolut jede Arbeitskraft brauchen, um den Karren wieder aus dem Dreck zu ziehen», sagt Peter und befühlt seinen Bart. Henry fällt von der Schaukel, heult aber nicht.

Auch auf dem Hasenspielplatz sind die 15 Monate alte Melanie und mit ihr eine junge Frau, die ein unendliches Telefongespräch führt, und eine ältere Frau. Die trägt ihre grauweissen Haare im eleganten Pagenschnitt, eine Hornbrille in Butterfly-Form und raucht eine Zigarette, die sie diskret in ihren kleinen Taschenaschenbecher abklopft. Auf die Frage, ob sie die Grossmutter der Kleinen sei, lächelt sie und sagt: «Irgendwie schon.» Melanie ist erst seit fünf Wochen bei dieser Familie, in einer sogenannten unbefristeten Vollzeitpflege. Ihre leiblichen Eltern konnten die Betreuung nicht gewährleisten, und so wurde Melanie ihnen weggenommen und kam ins Heim. «Meine Tochter kann keine Kinder bekommen, und als sie von dieser Möglichkeit hörte, fand sie, das sei doch eine gute Sache», sagt die Frau und weist Melanie darauf hin, dass man Sand nicht isst. «Solche Pflegeeltern sind enorm gesucht momentan.» Und so ging es eigentlich recht schnell, ihre Tochter besuchte Kurse, lernte Melanie kennen und es habe von

Anfang an gestimmt. Jetzt mache sie erst mal ein Jahr Eltern-zeit, und wie es dann weitergehe, ob zurück in den Job oder nicht, das werde sich zeigen. «Aber bis dann gilt ja das Be-treuungsrecht! Also alles kein Problem», sagt die Irgendwie-schon-Grossmutter und lacht über ihren Witz.

Haremshosen sehen vielleicht nicht besonders gut aus, aber sie sind die ideale Beinbekleidung für eine Frau nach der Ge-burt wegen der Binden, die man dann einlegen muss. «Bin-den», da sehen Sie jetzt irgendwas Dünnes, Schmales, mit Flügelchen vor dem inneren Auge. Wir sprechen nicht von sol-chen Binden. Die Binden, die man nach einer Geburt trägt, sind so gross wie ein Hotdog. So gross wie ein Schuh. In nor-malen Hosen zeichnen sie sich ab.

Ich: «So! Jetzt schauen wir mal, was wir da haben. Gä?»
Baby (vier Monate alt): «—»
«Mal sehen, ob du da was hast in der Windel. Hast du da ein Geschenk in der Windel? Für mich? Etwas Selberge-machtes für Mami? Ja?»
«—»
«Uiii! Das ist aber ein grosses Geschenk! So lieb! Und heute ist doch gar nicht Muttertag! Und ich bekomme trotz-dem so ein grosses Geschenk?»
«—»
«Du bist ja ein Schatz. So. So, sauberes Fudi. Jetzt hat der

Bubi wieder ein sauberes Fudi. Bubifudi. Bubifudi! Bist du ein kleiner Fudibubi! Mit einem kleinen Bubifudi! Und jetzt ziehen wir das Pischi an. Das grüne? In dem du aussiehst wie ein kleiner grüner Frosch?»

«—»

«Aber kleine grüne Frösche liegen imfall auf dem Bauch. Drehst du dich auch mal auf den Bauch? Ich weiss, das magst du nicht. Gä?»

«Wäh, wäh.»

«Ja, das findest du total doof. Auf dem Bauch liegen. Das ist was für gestrandete Wale. Oder Sportschützen. Sonst legt sich niemand auf den Bauch. Und der Wal tuts auch nicht freiwillig. Das ist nämlich langweilig, gä?»

«—»

«Musst du aber trotzdem üben. Steht in dem Buch! Ja, Mami hat wieder mal in dem Buch gelesen! Und jetzt glaubt Mami, du seist zurückgeblieben! Weil du dich doch jetzt langsam auf den Bauch drehen müsstest! Da steht natürlich auch, dass es total okay ist, wenn du dich noch nicht drehst, aber zwischen den Zeilen steht da, du bist voll zurückgeblieben, wenn du es noch nicht tust, und ich muss dich in einem Kurs anmelden für zum Auf-den-Bauch-drehen-Lernen für Auf-den-Bauchdrehspätzünder, gäll! Aber das ist natürlich Quatsch. Du bist nämlich der Schlauste und der Beste, und du wirst dich noch drehen wie verrückt. Gä. Ist sowieso alles Blödsinn in den doofen Büchern. In dem anderen Buch steht auch, du tätest jetzt Laute ausprobieren wie ‹ah, eh, äh und hebbüh›. Aber du hast noch gar nie ‹hebbüh› gesagt. Sag mal hebbüh. Hebbüh?»

«—»

«So, und jetzt drehen wir uns wieder auf den Rücken. Oh, kuck mal, was ich da gefunden habe in der Socke! Einen kleinen Schweissfuss! Bist du mein kleiner Schweissfussindianer? Darf man ‹Indianer› eigentlich noch sagen? Ist das politisch korrekt?»

«—»

«Das ist dir doch egal, gäll? Das ist dir kackegal, gäll? Oh, die Windel! Hat Mami doch glatt die Windel vergessen. Doofes Mami! Gäll, das Mami ist amigs voll doof?»

«—»

«Gut, geht Mami bald wieder arbeiten. Sonst verblödet sie hier noch vor Liebe. Gä? Ja, gä? Nur Baby und nix Arbeit macht Mami ganz gaga. Gä? Gagagä. Gagagä.»

Ich wollte eigentlich eine Art To-do-Liste machen mit Punkten, die sich ändern müssen, damit Familie und Beruf wirklich vereinbar werden. Aber mir fällt gar nicht so viel Auflistbares ein. Vielleicht: mehr Krippen, Betreuungsangebote in Unternehmen etc. Und: gesetzlich verankerter Vaterschaftsurlaub von mindestens vier Wochen.

Aber das Meiste und Wichtigste ist Feinstoffliches, Zwischenzeiliges, es sind Haltungen, Normen, Vorstellungen, die sich ändern müssen. Und das passiert natürlich als Erstes im Individuum und bildet sich dann ab einer gewissen kritischen Menge in der Gesellschaft ab. Darum ist jede progressive Familie, in der der Vater Schuhe kaufen geht mit der Tochter und die Mutter zwei Wochen auf Geschäftsreise ist, so enorm wichtig. Aber weil diese Art der Veränderung wahnsinnig lange dauert – dass heute über die Einführung einer Frauenquote diskutiert wird, ist ein gutes Beispiel –, sollten wir vielleicht jetzt schon über Massnahmen nachdenken, die andersrum greifen und über ein politisches Bekenntnis die Mentalität beeinflussen. Und da gibt es eine grosse Baustelle, die Veränderungen auf ziemlich allen Ebenen des Systems zur Folge hätte: unser Verhältnis zu Teilzeitarbeit. Solange das gängige Modell weiterhin, und wir haben zweitausendtammidreizehn, so aussieht, dass der Vater Vollzeit arbeitet und die Mutter, wenn überhaupt, «weiterarbeitet, aber reduziert» oder gar etwas «dazuverdient», bleiben wir genau da stehen, wo wir sind.

Wir bleiben stehen, solange Teilzeit für Männer ein «Karrierekiller» ist und für Frauen die Norm (80 Prozent der Frauen im Vergleich zu 14 Prozent der Männer – obwohl in Umfragen immer wieder mehr als die Hälfte der Männer angeben, dass sie sich Teilzeit vorstellen könnten).

Solange wir schon über eine «Krise der Männer» sprechen, weil die Frauen sie allenthalben überrunden, zum Beispiel bei den Studienabschlüssen, aber diese topausgebildeten Frauen doch mehr zurückstecken, wenn ein Kind da ist, weil es «anders halt nicht geht», weil «der Job des Mannes in Teilzeit halt einfach nicht machbar ist».

Solange Vollzeit finanziell belohnt wird, so sehr, dass es sich mehr lohnt für eine Familie, wenn jemand (meist der Vater) 100 Prozent arbeitet und jemand (die Mutter) gar nicht, als dass beide 80-Prozent-Stellen haben und das Kind drei Tage die Woche in die Krippe geht (das muss man sich mal vorstellen: Ein 100-Prozent-Lohn soll mehr sein als 160 Prozent minus zwölf Tage Krippe im Monat, also 12 × (durchschnittlicher Betrag für einen Krippentag:) 120 Franken = 1440 Franken? Der Lohndurchschnitt der Schweiz liegt bei 88 000 Franken, gibt einen Monatslohn von 6700 Franken. Mit zweimal 80 Prozent minus die Krippe hätte so eine Familie ein monatliches Einkommen von 10 720 Franken. Es lohnt sich also erst, wenn der Mann über 11 000 Franken verdient, dass die Frau nicht arbeiten geht und auf das Kind aufpasst. (Wobei man dann wahrscheinlich grössere Mehrkosten hat durch Frustshopping der Frau oder Sitzungen beim Therapeuten wegen ihrer Depression.)

Solange weiterhin behauptet wird, es mache ökonomisch keinen Sinn, egal wie viele Beispiele es dafür gibt und egal wie oft es wissenschaftlich bewiesen wird, dass Teilzeit eigentlich nur Vorteile hat für Firmen: Steigerung der Motivation, Effizienz und Produktivität, Reduktion der Stressbelastung und damit verbundene Senkung von Absenzen, verbessertes Unternehmensimage, Steigerung der Wettbewerbsfähigkeit.

Solange Männer, die Teilzeit arbeiten, nicht für voll genommen werden (notabene von Männern, nicht von Frauen) – so sehr, dass man schon fast von Diskriminierung sprechen muss.

Die wenigsten Frauen möchten heute Vollzeit-Mutter sein, und die meisten Männer möchten mehr Familienarbeit leisten. Weshalb gehen wir also nicht ein paar Schritte aufeinander zu? Ich fordere die 32-Stunden-Woche. 80 Prozent ist das neue 100 Prozent! Mehr Jobsharing, auch in leitenden Funktionen! Da muss jetzt mal was gehen.

Eine Schwangerschaft ist nichts anderes, als 40 Wochen darauf zu warten, dass sie vorbei ist. Dachte ich, als ich meine letzte Zigarette rauchte und mein erstes alkoholfreies Bier bestellte. Und mich damit von meinem Leben verabschiedete und in diesen Zustand schickte, den ich als eine Art Limbo sah, eine Schwebe mit unbekanntem Ausgang, ausser dass sie irgendwann vorbei sein würde. Beziehungsweise: Am Xten Ypsilonten, einem Samstag, Sternzeichen Soundso, dann werden schon die Dingens blühen, und die Steuererklärung sollte eingereicht sein, und am nächsten Tag hat Dieundie Geburtstag. Es ist sehr seltsam, einen Tag genannt zu kriegen in ferner, ferner Zukunft, einen Termin, an dem sich alles ändern wird, das ganze Leben, die ganze Welt. Es ist seltsam und ein bisschen lächerlich. Und sehr abstrakt. Das Datum ist wie ein Witz, den man allen erzählt. Es ist so weit weg.

Und dann merkte ich, dass schwanger zu sein gar nicht so schlimm ist, dass man sich daran gewöhnt und dass es, sofern alles gut verläuft natürlich, sogar Spass machen kann. Ich merkte, dass eine Schwangerschaft gar kein Zwischenzustand ist, sondern ein Zustand an sich. Dass sich tatsächlich gar nicht so viel änderte, dass ich immer noch ausgehen konnte, an Konzerte, dass ich Freunde treffen, reisen, Sex haben, arbeiten konnte. Alles wie früher, mit dem Unterschied, dass man sich ab und zu den Bauch tätschelt und denkt: Das hast du schon erlebt, bevor du überhaupt geboren bist.

Je länger meine Schwangerschaft andauerte, desto weniger dachte ich an das Datum, daran, dass die Schwangerschaft irgendwann vorbei sein würde. Was heisst vorbei sein: dass sie enden würde. Mit einer Geburt. Einer konkreten, realen Geburt. Mit einem Baby. Das Begreifen dieser Tatsache setzte bei mir genau dann ein, als die Zeitspanne greifbar wurde. Das ist wohl ein individuell unterschiedlicher Wert, bei mir persönlich sind es zwei Wochen. Alles, was mehr als zwei Wochen entfernt ist, ist für mich Zufall. Nur innerhalb von zwei Wochen kann ernsthaft geplant werden. Zwei Wochen vor dem Xten Ypsilonten also wurde mir das alles erst richtig klar. Dass es wirklich passieren würde.

Und dann erst wurde mir so richtig bewusst, dass es mitnichten der Xte Ypsilonte sein würde, sondern irgendein willkürlicher Moment irgendwann um den Xten Ypsilonten herum, an dem irgendwas entscheiden würde, dass es jetzt an der Zeit sei. Dass das Baby zur Welt kommen solle. Vielleicht schon morgen. Vielleicht erst in drei Wochen. Ich realisierte erst da so richtig, dass ich keinerlei Einfluss darauf habe, wann genau es so weit sein würde. Dass auch der Termin machtlos ist. Irgendwann in nächster Zeit werde ich irgendwo sitzen oder stehen und irgendwas tun, und es geht los. Das ist eine seltsame Erkenntnis. Man fühlt sich zuerst ausgeliefert und ohnmächtig. Es gibt schliesslich nicht mehr viel in einem Menschenleben, was einem so komplett aus der Hand genommen ist! Nach einem Weilchen sammelt man seinen ganzen Fatalismus zusammen und schickt sich drein. Es beginnt eine ungewohnte Art von Warten: auf irgendetwas, irgendwann. Man beginnt dieses Warten gleichsam zu möblieren. Es gilt Dinge zu erledigen, wie wenn man für längere Zeit verreisen würde. Ich muss ja noch. Habe ich schon? Irgendwann sind sie getan.

Man beschäftigt sich mit der Geburt. Schaut doch mal noch in all die Bücher rein, die man geschenkt gekriegt hat von Freundinnen, die schon Kinder haben. Ist beleidigt ob des Tons: Ich bin ja nur schwanger, nicht dumm. Und auch nicht plötzlich eine homöopathische Waldfee. Merkt, dass es schon zu spät ist, um noch mit Akupunktur anzufangen. Verdammt! Dabei schwören doch alle darauf. Versucht, sich täglich den Damm zu massieren oder massieren zu lassen, aber das ist irgendwie doof. Wird doch zur homöopathischen Waldfee. Denn wenn es nicht hilft, so schadet es doch nicht. Trinkt Himbeerblättertee, der den Muttermund weich machen soll. Teetrinken wird zur Beschäftigung, zum Punkt im

Tagesablauf. Vielleicht sollte ich doch noch mit Heublumen-Dampf-Sitzbädern anfangen?

Geht spazieren, doch noch mit diesem Watschelgang, er hat einen doch noch gekriegt.

Man beginnt den Partner anzuschauen und zu denken: Ich hoffe, ich werde uns nicht vermissen. So wie wir jetzt sind, ganz allein, nur wir zwei. Wir sollten noch einmal wegfahren, spontan! Haben wir uns genug gehabt? Dieser Sonntag wird der letzte sein, den wir halb vögelnd verbringen, halb frühstückend und halb vögelnd, halb lesend und halb vögelnd, halb fernsehend und halb vögelnd, halb schlafend und halb vögelnd, der letzte solche Sonntag unseres Lebens, das wird nie wieder so sein. Wie sehr ich uns vermissen werde.

Trifft Freunde, sie verabschieden sich mit: «Hey, dann sehen wir uns das nächste Mal ja ... danach!», «Alles Gute!», «Viel Glück!», «Hals- und Beinbruch!», «Toitoitoi!»

Das Kinderzimmer ist so weit eingerichtet. Da stehen das Bett und der Wickeltisch. Braucht man mehr? Ob man schon Windeln kaufen sollte? Wohl schon. Man schreibt sich eine Notiz: Windeln. Der erste Windelkauf meines Lebens. Welche Grösse? Die kleinsten. Für ein Neugeborenes. Ich werde es geboren haben.

Die Kliniktasche ist gepackt. T-Shirts? Zum Stillen wäre doch ein Jäckchen praktischer. Aber ich habe nur Jäckchen mit Reissverschluss, und am Reissverschluss kann sich die zarte Babyhaut verletzen. Notiz: Jäckchen mit Knöpfen?

Man beobachtet sich genau. Dieser unerklärliche Anfall schlechter Laune heute Morgen, vielleicht war das ein Vorzeichen. Dass mir mein Schambein wehtut, bedeutet wohl, dass das Baby noch tiefer ins Becken gerutscht ist.

Meine Güte, was, wenn ich die Zeichen nicht erkenne? Oder zu wehleidig bin, zu früh in die Klinik renne und die lachen mich aus und sagen: Pha, das ist ja noch gar nichts, kommen Sie noch mal, wenns wirklich losgeht?

Man backt den ersten Kuchen seines Lebens, einfach weil es sonst nichts zu tun gibt.

Man nimmt ein Bad, einfach weil es sonst nichts zu tun gibt. Man sitzt in der Badewanne und wartet.

Auf die Geburt zu warten heisst, Demut zu lernen.

Wenn mein Sohn wüsste, dass ich mich, sobald er abends im Bett ist, mit Schokolade, Guetzli, Gummibärchen, Chips und überhaupt allem, was er liebt, aber nur in Massen bekommt, vollstopfe!

Ich bin absolut für die Frauenquote. Aber genau genommen bräuchten wir eine Mütterquote, damit sich wirklich etwas verändert. (Beziehungsweise: Mütter oder sonstwie mit der Pflege abhängiger Personen beschäftigte Frauen. Oder Männer. Nennen wir sie der Einfachheit halber mal Mütter.) Jede Führungsposition, die mit einer Frau besetzt wird statt mit einem Mann, ist zwar schon absolut begrüssenswert, aber solange nur kinderlose Frauen, die sich voll und ganz auf die Karriere konzentrieren können – also Frauen, die die gleiche Ausgangslage haben wie Männer, die eine Ehefrau haben –, den Job machen können, bleibt alles beim Alten. Eine Frau an der Spitze von Strukturen, die von Männern für Männer geschaffen wurden, ist reine Symptombekämpfung. Sprich:

schon viel besser, aber eben nicht gesund. Erst eine Mutter in dieser Position hätte den Blick dafür, was in Sachen Vereinbarkeit getan werden müsste, und würde am System selbst arbeiten.

Pingu ist super. In einer der ersten Folgen, die ich sah, sass Pingus Mutter im Sessel und las die Zeitung, während Pingus Vater mit der Pfeife im Schnabel bügelte.

Normalerweise erfährt man über eine Geburt nicht viel mehr, als dass das Kind irgendwie rausgekommen ist. Vielleicht noch, dass es sehr wehgetan hat, aber die Schmerzen sofort vergessen waren, als das Kind da war. Das scheint mir der Wichtigkeit des Ereignisses in einem Frauenleben nicht angemessen. Ich habe mit drei sehr ehrlichen Freundinnen en detail über ihre Erfahrungen gesprochen.

Maude, 36, eine Tochter, zehn Monate
Geburtsverlauf: Eintritt mit regelmässigen Kontraktionen in der 39:6 ssw. Zeitgerechte Eröffnungsperiode. Spontaner Blasensprung bei MM 8 cm. Fruchtwasser grünlich. Im Verlauf zeitgerechte Rasteröffnungsperiode und Austreibungsperiode. Bei zunehmend tachykarden CTG und teilweise saltatorischer Komponente Entscheid zur Metallvakuumextraktion. Problemlose Durchführung derselben von kindlicher Leitstelle im Weh 2 über BB aus I. leicht deflektierter hinterer Hin-

terhauptslage in 2 wehensynchronen Zügen über drei Vaginalrisse. Dammriss II* mit intakter Hautbrücke gegen anal und Labienrisse bds. Nabelschnurumschlingung einmal um Hals und Körper. Die Plazenta folgt spontan und vollständig, velamentöser lateraler Nabelschnuransatz. Rektalpalpation/Inspektion bzgl. Sphinkter intakt, vaginal zeigt sich das Gewebe über dem von rektal palpierenden Finger bis auf die Vaginalrisse ebenfalls geschlossen. Versorgung über Geburtsverletzungen bei liegender PDA. Einlage einer Tamponade mit Orthogynest über 24 Stunden. Blutverlust: 600 ml.

«Die Geburt in einem Adjektiv?»

«Brachial.»

«Wie bist du an die Geburt herangegangen? Vorbereitung, Vorstellungen, Ängste?»

«Ich bin ein Kopfmensch und hab mich eingelesen. Ausserdem Yoga, und da sagen einem ja eh alle, dass mit der richtigen Atmung alles kein Problem ist. Ich war entspannt und guter Dinge. Meine etwas esoterische Tante hat mir eine Woche vor dem Geburtstermin noch geschrieben, ich solle mich darauf gefasst machen, dass es früher losgehe, denn ‹kleine Mädchen pflegen bei Vollmond zur Welt zu kommen›. Und so war es tatsächlich, drei Tage vor dem Termin.»

«Hast du mit anderen Frauen über ihre Erfahrungen gesprochen?»

«Ja, ich hab absolut jede Frau mit einem Kind gefragt, wie die Geburt bei ihr war. Und ich wollte auch die richtig üblen Geschichten hören. Ich muss immer alle Seiten einer Sache kennenlernen.»

«Hast du Dammmassage gemacht?»

«Ja, zumindest hab ichs probiert. Und Himbeerblättertee in den letzten Wochen.»

«War es dir wichtig, natürlich zu gebären?»

«Nicht besonders. Ich hab sogar mal noch über einen Wunschkaiserschnitt nachgedacht. Und meine Tochter hat sich sehr spät gedreht, in der 38. Woche erst, und aus der Steisslage hätte ich niemals natürlich gebären wollen. Und wenn ich gewusst hätte, dass sie in Sternguckerlage liegt, hätte ich auch sofort einen Kaiserschnitt gewählt.»

«Das hat man nicht gesehen?»

«Offenbar nicht.»

«Wie ging es los?»

«Die ersten Wehen waren ein sehr angenehmes Chrüselen. Ich dachte noch: Das ist ja voll easy! Blöd war nur, dass ich darum nicht schlafen konnte, eine ganze Nacht lang. Die Wehen kamen in total willkürlichen Abständen, mal drei Minuten, dann 22 Minuten, völlig schizo. Am Morgen gingen wir dann ins Spital. Aber sie schickten uns heim und sagten, wir sollen wieder kommen, wenn die Wehen regelmässig sind. Und dieser Tag war der Horror. Und die Nacht drauf auch. Ich lag im Bett und hab bei jeder Wehe geschrien. Aber regelmässig waren sie halt noch immer nicht. Am nächsten Morgen sind wir wieder ins Spital, und sie meinten, der Muttermund sei erst zwei Zentimeter offen, aber ich könne bleiben. Ich hatte zu dem Zeitpunkt seit 48 Stunden nicht mehr geschlafen und war völlig hinüber. Wahrscheinlich war deshalb auch meine Schmerztoleranz so niedrig. Gegen Mittag jedenfalls hab ichs nicht mehr ausgehalten, ich war wie ... in Not, irgendwie. Dann hab ich eine PDA verlangt. Und der Anästhesist hatte diese Turnschuhe an und war recht jung, und ich weiss noch, dass ich überlegte, wie seltsam es ist, dass mir jemand eine PDA setzt, den ich genauso gut in meiner Lieblingsbar antreffen könnte. Dann kam das Essen, und ich dachte: Wie cool, ich kann essen! Weil ich keine Wehen habe!»

«Warst du vor der PDA aktiv, hast du dich bewegt, Stellungen gewechselt?»

«Nein, ich wollte nur liegen, mich auf der Seite des Bettes festklammern, auf keinen Fall stehen oder herumgehen. Ich konnte einfach nicht mehr. In dieser Phase kann ich mich auch überhaupt nicht mehr an die Hebamme erinnern. Weder an ihr Gesicht noch an ihren Namen, nichts. Alles weg. Anderes ist auch weg, zum Beispiel hab ich auf einem Foto kurz nach der Geburt einen Zugang hier oben, am Hals – ich kann mich nicht daran erinnern, wie mir der gesetzt wurde. Dann jedenfalls kam die Hebamme, die auch entbunden hat, und sie war unglaublich. Eine Frau kurz vor der Pensionierung, stämmig, mit Bürstenschnitt, und als Erstes hat sie gesagt: Hören Sie, meine erste Geburt war bei der Mondlandung. Das war so super. Und jedes Mal, wenn sie mich angefasst hat, dachte ich: Alles wird gut. Ihre Berührung war so ... genau so muss das sein. Warm und beruhigend. Super. Jedenfalls gings mit der PDA dann sehr schnell. Innert zwei Stunden ist die Fruchtblase geplatzt, und der Muttermund ging auf. Wahrscheinlich, weil ich mich entspannt habe.»

«Und dann kam die Austreibungsphase.»

«Ja, und da war auch nur wieder dieses sehr angenehme Chrüselen. Irgendwann sagte die Hebamme: Gut, man sieht schon das Köpfchen, und ich weiss noch, wie ich dachte: Was, aber ich habe ja noch gar nichts gespürt bisher. Mein Partner ging dann schauen und fing an zu weinen, extrem herzig. Und ich lag da, irgendwie unbeteiligt, auch gar nicht emotional, das war irgendwie ... keine Ahnung. Schräg.

Aber irgendwann gab es Probleme mit der Kleinen, ihre Herztöne wurden immer schlechter, und das mit dem Pressen hat nicht wirklich funktioniert. Das ist halt schwierig mit der PDA, wenn man so gar nichts fühlt. Die Hebamme sagte dann irgendwann: Ja, das ist nicht so gut, und plötzlich war eine Ärztin da, und ich hörte: ‹Wir müssen einen Lift-out machen› – oder einen ‹Lift up›, irgendeinen Lift –‚und dann kam die Ärztin mit dieser Metallglocke und sagte: So, das braucht jetzt etwas Kraft und dann stemmte sie sich mit vollem Gewicht gegen das Bett, unglaublich, und schränzte meine Tochter aus mir raus. Das muss irgendwie schnell gehen, mit zwei, drei Wehen oder so. Das war krass.»

«Und danach?»

«Dann sagte die Ärztin, die übrigens sehr jung war, vielleicht sogar jünger als ich, sie müsse mich jetzt noch operieren, weil es extrem gerissen sei. Sie sagte sogar: Ich kann im Moment noch nicht viel erkennen. Und währenddessen machten wir etwas Small Talk. Die Hebamme untersuchte die Plazenta und sagte plötzlich: Ui, jetzt haben Sie aber Glück gehabt. Ich hatte eine Insertio velamentosa, eine seltene Nabelschnur-Anomalie, die fürs Kind sehr gefährlich sein kann.»

«Wie war die Zeit danach im Spital?»

«Obwohl ich ein Einzelzimmer reserviert und schon bezahlt hatte, kam ich in ein Zweierzimmer. Mit einer Alkoholikerin, also ich unterstell ihr das einfach mal so, weil sie extrem gelallt hat und geschnarcht wie ein Vorarbeiter, und ihr Kind war eine Frühgeburt und hat nonstop geweint, und sie hat es jeweils im Glaswägeli mitgenommen, wenn sie eine Zigarette rauchen ging … das war wirklich ziemlich … trashig. Zu Hause wars dann schöner, aber was mich am Anfang belastet hat, war, dass wohl durch die lange Geburt meine Beckenbodenmuskulatur extrem geschwächt war, sprich: Ich hatte echt keine Ahnung, wann ich furze oder scheisse oder pinkle. Null Kontrolle. Deshalb wollte ich auch lieber erst mal so wenig Besuch wie möglich. Das wurde nach drei, vier Tagen

schon besser, aber ich habe später noch zwei Rückbildungs-
kurse gemacht. Einerseits eben, weil ich Trampolin springen
können will, ohne einen Urinschwall von mir zu geben, und
andererseits, weil da ja auch sexuell noch etwas möglich sein
soll. Ich wollte es proaktiv angehen.»

«Gab es Momente, wo du wirklich Angst hattest, dass
etwas kaputt sein könnte?»

«Sagen wir es so: Im ersten Monat dachte ich, ich sei fürs
Leben entstellt. Das war einfach ein unglaubliches Durcheinander. So einen Futz hab ich noch nie gesehen. Geschwollen
und wund und formlos, und an irgendwelchen Orten spriessen
Schamhaare ... Ich hatte sogar das Gefühl, die Ärztin habe
eine meiner inneren Schamlippen an die äussere genäht.»

«Und wie gehts deiner Vagina heute?»

«Jetzt sieht sie ... ähnlich aus wie vorher. Beim Damm
hab ich eine kleine Narbe. Aber die Schamlippen sind genau gleich wie vorher. Die drei Vaginalrisse spüre ich immer
noch, manchmal mit dem Wetter und beim Geschlechtsverkehr sowieso. Nicht wirklich schmerzhaft, aber so ein leichtes Stechen.»

«Wie ist dein Körper neun Monate nach der Schwangerschaft?»

«Ich habe eine Körbchengrösse weniger, dafür die Rei-
terhosen behalten, Schwangerschaftsstreifen am ganzen Körper – sogar am Rücken! – ausser am Bauch ... Ich habe einen
körperlichen Preis bezahlt, ganz klar. Aber, und das ist das
Erstaunliche: Im Ganzen bin ich tausendmal mehr im Rei-
nen mit meinem Körper als vorher. Es ist irgendwie ... diese
Krampfader hat eine Geschichte, der Grund für sie ist so etwas Tolles wie meine Tochter, und darum ist es okay.»

«Wie lange hat es gedauert, bis du wieder Sex hattest?»

«Sechs Monate. Und ich musste extrem bewusst daran

arbeiten. Ich hab das Gefühl, man kann es sehr, sehr leicht einfach schleifen lassen.»

«Wie war das Stillen?»

«Ich hatte grosse Probleme. Riesige Brüste, aber es floss einfach nicht. Entzündungen links und rechts, Brustwarzen, die fast abfallen, furchtbar. Nach drei Wochen hab ichs aufgegeben. Ich denke, das war eine psychische Blockade. Mir wurde erst nach dem Abstillen bewusst, wie ambivalent ich gegenüber der Rolle als stets verfügbare Andock-/Liebes-/Nahrungsquelle war, wie gefangen ich mich fühlte.»

«War das sehr schlimm für dich, dass du nicht stillen konntest?»

«Nein. Ich hab meiner Tochter einfach gesagt: Wenn du etwas grösser bist, werde ich dich dafür immer extrem fein bekochen. Ich finds krass, wie sich Frauen heute kasteien unter diesem Druck zur Natürlichkeit. Die Hebammen bei der Stillberatung haben mir auch alle sehr bald mal gesagt: Schau, du tust deinem Kind keinen Gefallen, wenn du heulst beim Stillen. Es kriegt diese Stimmung ja mit. Als ich dann abgestillt hatte, zeigten sich sehr schnell auch positive Nebeneffekte: Der Vater konnte plötzlich viel stärker eingebunden werden. Ich kriegte wieder mehr Freiheit. Das war so ein grosser Gewinn für mich, dass ich wirklich sagen konnte: Es ist okay, fertig, abgehakt. Ich kenne übrigens so viele Flaschenkinder, in den Siebzigern, Achtzigern hat ja kaum eine Frau gestillt, und allen geht es gut. So schlimm kann es nicht sein.»

«Wie läuft es mit der Rollenverteilung in eurer Beziehung? Wer ist Chef Baby?»

«Es ist viel psychologische Feinarbeit. Zum Beispiel habe ich mir irgendwann gesagt: Ich schneide meiner Tochter jetzt einfach die Fingernägel nicht mehr und warte, bis er auf die Idee kommt. Das ist zwar schwer auszuhalten, aber immer noch besser, als ständig alles zu sagen. Okay, dann trägt sie halt ein T-Shirt, obwohl es nur 15 Grad ist. Wenn es nicht direkt ihr Wohl gefährdet, beisse ich also einfach die Zähne zusammen. Mein Partner ist ein unglaublich liebevoller Vater und macht das toll. Manchmal bin ich zu Tränen gerührt, wenn ich die beiden beobachte. Aber ich frage mich schon, warum ich öfter in der Spielecke sitze mit ihr, während er die Zeitung liest. Oder warum ich zuerst aufspringe, wenn sie heult. Warum auf zehn Breie, die ich gekocht habe, nur drei von ihm kommen. Aber ich hasse es, ständig Vorwürfe zu machen. Ich hasse dieses Ab- und Zusammenrechnen, dieses Einfordern und Jammern, in das Frauen gedrängt werden. Das bin nicht ich. Ich habe jahrelang daran gearbeitet, das nicht zu sein.»

«Wo, denkst du, liegt das Problem?»

«Ich glaube, es ist für Männer schwierig einzuschätzen, was von einem Vater erwartet wird, weil diese Vorstellungen bei Männern halt nicht so klar definiert und vorgespurt sind wie bei Frauen beziehungsweise Müttern. Deshalb muss unbedingt als Nächstes der Vaterschaftsurlaub eingeführt werden. Unübertragbar, jeder Mann muss soundso viele Wochen oder Monate mit dem Baby verbringen.»

«Wenn du einer schwangeren Freundin nur einen Rat geben dürftest, welcher wäre es?»

«Offenheit. Keine zu grossen Erwartungen, Pläne, Vorstellungen. Auch sich selbst gegenüber. Wie da in der Öffentlichkeit eine Gefühlswelt konstruiert und diktiert wird, wenn es um Kinder geht, das ist doch völlig absurd. Was man da alles empfinden muss! Man sollte sich selbst gegenüber ehrlich sein und eigene Emotionen nicht abwerten, auch wenn es vielleicht nicht genauso ist wie bei allen anderen.»

— *Die nächste Wahrheit über die Geburt finden Sie auf Seite 93.*

Manchmal denke ich, es gibt bestimmt Familien, bei denen es nie Flecken klebriger Flüssigkeit am Boden hat, wo sich alles dran sammelt, Sockenfasern, Staub, bis es irgendwann nicht mehr klebt. Es gibt bestimmt Familien, bei denen es nie Haare im Waschbecken hat. Oder Zahnpasta. Oder Haare, die an Zahnpasta kleben. In diesen Familien liegen auch nie Kleider, Steine, Puderdosen, Haargummis, angekaute Brotstücke, nicht aufgemachte Briefe, Zeitschriften, Kissen, Zeitungen, Pfannen, Schuhe, Bücher, Stofftiere, Zettel, Stifte, Lippenstifte, Löffel, Elektrogeräte, Petflaschen, Spielzeugautos, leere Schachteln von was auch immer, Nuggis, Fernbedienungen, Ladegeräte oder leere Klopapierrollen herum. Es gibt bestimmt Familien, bei denen es nicht so ist. Nicht so wie bei meiner Familie.

Jetzt mache ich mir grad Sorgen, dass Sie sich das falsch vorstellen. Es ist nicht ekelig bei uns. Gerade Verderbliches wird verlässlich weggeräumt. Und regelmässig wird ernsthaft geputzt. Wir legen Wert auf eine schöne Einrichtung, unsere Möbel sind handverlesen. Aber es ist uns völlig unmöglich, länger als zehn Minuten eine wirklich frisch geputzt-saubere, ordentliche Wohnung zu halten.

Es ist interessant, dass mir wichtig ist, dass Sie nicht denken, bei uns zu Hause sei ein Saustall – schliesslich ist mir auch komplett egal, wenn Sie denken, ich könnte keine Socken stopfen oder ein Soufflé backen (womit Sie recht hätten). Das Label «gute Hausfrau» ist nichts Erstrebenswertes für mich, dafür hab ich zu lange studiert. Aber dieses Haushaltsding, es ist ein Ding, ob man es zugibt oder nicht. Auch für Sie! Sie müssen mir nichts vormachen. Kaum jemand empfängt Besuch, ohne vorher etwas aufgeräumt zu haben. Kaum eine Partnerschaft hat das Thema wirklich für beide stimmig ausgehandelt. Kaum eine Frau sagt: «Es stört mich einfach nicht so sehr wie ihn, ich seh das nicht.» Es geht um Emanzipation: vom Elternhaus, von dem ur-schlechten Gewissen, dass es nie so sauber ist wie bei der Mutter. Um Emanzipation von Bildern aus Werbung, Fernsehen, Zeitschriften, die zeigen, wie ein guter Haushalt auszusehen hat. Es geht natürlich auch um Frauenemanzipation – Frauen machen immer noch 60 Prozent mehr Hausarbeit, auch wenn sie gleich viel arbeiten wie der Mann. Und um Emanzipation vom Thema an sich.

Wäre es nicht Zeit für eine Revolution? Ab sofort ist der unordentliche Haushalt das Ideal, weil er dafür steht, dass wir ein viel zu interessantes Leben führen, um zu putzen. Womit ich allerdings nicht sagen will, dass die, bei denen es sauber ist, ein weniger interessantes Leben führen. Sondern ... ach egal. Ja, genau! Es sollte einfach egal werden.

Ich hab irgendwie ein Problem mit dem Wort «Mama». Das Wort Mama, von Erwachsenen geäussert, empfinde ich als abwertend. Vor allem nervt es mich in der Form von Self-Labelling. Ständig gehen Läden auf von Müttern für Mütter, die irgendwas Lustiges mit Mama heissen. Ständig kommen Bücher auf den Markt von Müttern für Mütter, und der Titel ist irgendwas Kämpferisches mit Mama. Aber Mama, von Erwachsenen geäussert, verniedlicht, es macht auch ein bisschen lächerlich, und es verdrängt alle anderen Facetten, die eine Frau haben kann. Es ist ähnlich wie beim deutschen «Mutti» – eine Mutti ist die biedere, bornierte Einfamilienhausfrau. Nennen Sie eine deutsche Mutter mal «Mutti», und schauen Sie, was passiert. Und genauso klingt bei Mama etwas mit – eine Weichheit, ein Geruch, bequeme Jeans, bequeme Schuhe, ein neuer Haarschnitt, der sich besser mit dem Kind verträgt. «Ich bin jetzt eine Mama», das ist nicht der gleiche Satz wie «Ich bin jetzt Mutter» oder «Ich habe jetzt ein Kind». Wenn man mal eine Mama ist, ist man sonst nicht mehr viel.

Vielleicht ist es aber auch ironisch und total fortschrittlich, sich als Mutter selbst Mama zu nennen und Mamablogs zu schreiben und Karrieremama zu sein und Mamayogakurse zu besuchen. Vielleicht ist es der gleiche Mechanismus der Selbstreferenz wie mit «Nigger», als sich Schwarze selber so zu bezeichnen begannen, oder mit «Bitch», seit sich Frauen untereinander so nennen.

Wobei – was genau ist noch mal passiert mit diesen Wörtern? Eigentlich überhaupt nichts. Ich jedenfalls bin nur für meinen Sohn die Mama, für jeden anderen bitte schön Frau Roten, Michèle, von mir aus Mischi, ey Alter, was auch immer.

Eine Ausnahme: Mamalkoholismus. Er ist eine Realität.

Es ist wirklich bemerkenswert, was mit der Meldung einherging, dass Marissa Mayer die neue Chefin von Yahoo würde, als sie im sechsten Monat schwanger war. Dabei gab es ja eigentlich nur eins zu sagen: Gratulation, zu beidem! Aber die Leute sagen natürlich viel mehr, weil das muss ja unbedingt besprochen werden, weil es ist ja nicht bloss einmal Karriereschritt und einmal Nachwuchs, zufällig gleichzeitig, sondern hey, es handelt sich ja um eine Frau! Und während man von den meisten Big Bossen nicht mal weiss, ob sie Kinder haben oder nicht, weil das irgendwie einfach nichts mit dem Job zu tun hat, den sie machen, wird es in Fällen wie dem von Mayer zum Politikum.

Und dann kommen so fantastische Bemerkungen wie die von einem gewissen Brian Sullivan in einer amerikanischen Morgensendung, der eigentlich nur aus einer wirtschaftlichen Perspektive kommentieren sollte, es sich aber nicht verkneifen konnte, noch nachzuschicken, dass das «hart werden würde» für Mayer, nur zwei Wochen Mutterschaftsurlaub zu haben, «my advice: take some time off, get your baby, raise the kid for a little bit, you know, and then work on the company when you can». Raise the kid for a little bit!! Ja hurra! (Fast noch toller übrigens ist die sensationell genervte Gesichtsdisco der Moderatorin, bis sie endlich sagen kann: «On the advice – I think she's good.») Und dann kommen unzählige Kommentatorinnen, die ihrem «Find ich super, Frauenpower»-Blabla noch ein halbblaues «Aber mal unter uns Müttern, sie hat ja keine Ahnung, was auf sie zukommt, jetzt denkt sie noch, alles sei easy, aber in ein paar Monaten reden wir noch mal» hinterherschieben, und mir scheint, das bringt uns alles überhaupt nicht weiter. Was uns weiterbringt, ist einzig, dass Yahoo diesen Entscheid getroffen hat. Im Namen der Schwesterschaft sollten wir daher von nun an nur noch yahooen, anstatt zu googeln, finde ich. (ps: Stand August 2013 – She's good.)

Ich habe jede Menge Probleme. Sie wahrscheinlich auch. Oder kennen Sie jemanden, der keine Probleme hat? Hoffentlich nicht. Ich stelle mir einen Menschen ohne Probleme vor wie einen Menschen, der nach nichts riecht. Gruselig. Nein, Probleme gehören irgendwie dazu, aber manchmal hätte man trotzdem lieber weniger. Und in solchen Momenten, habe ich herausgefunden, ist es sehr wohltuend, für sich selber festzuhalten, welche Probleme man *nicht* hat.

Ich las zum Beispiel gerade einen Artikel, der Bezug nimmt auf den berüchtigten Text von Anne-Marie Slaughter in «The Atlantic». Slaughter, die zwei Jahre lang als rechte Hand von Hillary Clinton den Planungsstab des US-Aussenministeriums leitete, formuliert darin das, was wohl als Achillesferse der Gleichstellungsdiskussion bezeichnet werden muss: Obwohl der Posten ihr «absoluter Traumjob» war, musste sie sich irgendwann eingestehen, dass es sie unglücklich machte, nicht für ihren Sohn da sein zu können, der gerade in einer schwierigen Phase steckte – sie kündigte. (Und wurde Professorin für Politikwissenschaft in Princeton, näher an ihrem Wohnort.) Sprich: Der Grund, *Why Women Can't Have It All,* so der Titel des Artikels (*all* meint übrigens gar nicht so viel, sondern einfach Beruf und Familie), ist der, dass ihnen die Kinder einfach irgendwie wichtiger zu sein scheinen als den Männern. Das ist allerdings keine Absage an den Kampf für gleiche Chancen, sondern vielmehr eine neue Zielsetzung: Wir wissen jetzt langsam, dass Frauen auch die wichtigsten Jobs machen können, jetzt müssen wir darüber reden, welchen Preis sie dafür zahlen bzw. zu zahlen bereit sind.

Der Artikel also, der auf Slaughters Text Bezug nimmt, hat den Titel *Why Women Should Stop Trying to Be Perfect.* Die Autorin legt dar, wie der weibliche Hang dazu, in allen Bereichen des Lebens einen Riesenehrgeiz an den Tag zu legen, letztlich das ist, was Frauen am meisten fertigmacht. Ich glaube, es steckt mehr als ein Körnchen Wahrheit darin. Es ist genau das, was ich jeweils, ohne dass es mir bewusst gewesen wäre, gedacht habe, wenn mir Frauen an einem Sonntag erzählten, sie müssten noch Biozucchetti kaufen gehen für den Babybrei, den sie für die ganze Woche vorkochen, bevor sie sich ganzkörperenthaaren, weil danach kommen Gäste zum Fünfgangdinner, und dann ist noch eine kurze Telefonkonferenz mit Hongkong, und sonst sähe das ja scheisse aus, wenn sie sich dann später für den Mann in Agent-Provocateur-Lingerie auf dem Bett räkeln und überall Haare rauskucken. Ich war in solchen Momenten immer beeindruckt, aber jetzt, nach diesem Artikel, bin ich grad recht froh, weil ich gemerkt habe: Wenigstens dieses Problem habe ich nicht.

Ich bin überhaupt nicht perfektionistisch. Und ich habe auch nie verstanden, warum das alle immer so stolz von sich selber sagen: Ich bin halt eine Perfektionistin. Na super, dann passen die Socken des Babys zum Body, und nachher kotzt es über beides. Und die Haare sind jeden Tag frisch gewaschen und gestylt, und es passiert doch nichts Aufregendes. Das ist doch bloss anstrengend! Es könnte ja wirklich sein, dass wir Frauen uns mit unserem Hang zum Perfektionismus das Leben selbst schwer machen. Dass es möglicherweise unter anderem das ist, weshalb unser Leben, das mit Beruf, Kindern, Beziehung und, nun ja, Leben eh schon anstrengend genug ist, uns letztlich so auslaugt, dass wir zum Schluss kommen könnten, all das sei gar nicht unter einen Hut zu bringen. Und dabei müssten wir vielleicht nur die Ansprüche an uns selber ein bisschen senken in gewissen Bereichen, uns weniger quälen. Mit der Betonung auf «in gewissen Bereichen» – die Idee ist natürlich nicht, dass die Chirurgin bei der Herztransplantation ein, zwei Arterien vernäht und dann beschliesst, das sei jetzt schon okay so. «Gewisse Bereiche» ist tatsächlich meist zu Hause, nicht bei der Arbeit, und besonders oft hat es mit Kindern zu tun: Es ist wirklich nicht zum Aushalten, wie sehr sich Frauen stressen lassen von diesem Mythos der «guten Mutter». Ich glaube, es ist Zeit für eine neue Maxime: In gewissen Bereichen des Lebens reicht auch «okay». Werden auch Sie eine Gutgenugistin! Wir brauchen eine Bewegung! Und so könnte das Flugblatt aussehen, das Sie dann in Ihrem Briefkasten finden:

Frauen aller Länder, entspannt euch! Nehmt es locker, seid gechillt, lasst mal gut sein!

— Frauen: Umarmt die Flecken! Sie existieren, sie kommen immer wieder, sie gehören dazu! Es passiert nichts Schlimmes, wenn eure Kleider und die Kleider eurer Kinder Flecken haben! Es sagt nichts über euch aus, ausser dass ihr esst und spielt und dass die Welt fleckenerzeugende Eigenschaften hat!

— Frauen: Auch Männer können waschen!

— Frauen: Überlegt euch mal, ob sich euer Partner auch so viel Mühe gibt mit der Beziehung! Ob er auch so viel darüber nachdenkt! Macht euren Kopf frei!

— Frauen: Gekaufter Babybrei ist in Ordnung! Euer Kind wird nicht glücklicher, klüger, hübscher, braver oder gesünder mit selbst gemachtem Babybrei! Euer Kind wird sehr bald schon Kaugummis vom Boden kratzen und essen!

— Frauen: Auch Männer können Babybrei kochen!

— Frauen: Auch bei den anderen ist nicht immer alles eitel Sonnenschein! Echt nicht!

— Frauen: Es ist nicht schlimm, wenn euer Kind *irgendeine* Chindsgitasche hat und keine selbst gemachte, personalisierte, massgeschneiderte!

— Frauen: Gerade in der Küche gibt es jede Menge Kompromisse! Es ist noch niemand an Fertigsalatsauce gestorben! Ab und zu Fischstäbchen sind okay! Nehmt jede Abkürzung, die euch Zeit verschafft für Dinge, die euch Freude machen!

— Frauen: Auch Männer können kochen! Männer können sowieso das allermeiste genauso gut oder eben: gut genug!

— Frauen: Kinder entwickeln sich tipptopp auch ohne Babyschwimmkurs und Krabbellernkurs und pränatalen Mozart und Babymassagekurs und MuKi-Yoga!

— Frauen: Die Spielsachen einfach in irgendeine grosse Kiste zu schmeissen und nicht nach Farbe, Material oder pädagogischem Wert zu sortieren ist in Ordnung!

— Frauen: Jetzt mal im Ernst, hört endlich auf mit dem Diätquatsch! Euer Körper funktioniert, es ist in Ordnung! Macht Sport nur dann, wenn es euch Spass macht! Den Männern ist es *absolut egal,* ob ihr drei Kilos mehr draufhabt oder nicht!

— Frauen: Biogemüse ist super, einfach nur Gemüse ist auch schon sehr gut!

— Frauen: Manchmal ist das Erstbeste okay! Vielleicht sterbt ihr gar nicht tausend ästhetische Tode, wenn die Schuhe in einem Regal von Ikea stehen! Wagt den revolutionären Weg des Irgendwas! Spart Zeit und Energie für Wichtiges!

— Frauen: Wenn ihr wirklich Ruhe braucht, ist es auch mal okay, das Kind fernsehen zu lassen!

— Frauen: Hört auf, immer die Schuld bei euch zu suchen, wenn irgendwas mit dem Kind nicht superoptimal ist! Das machen schon die anderen!

— Frauen, sagt es laut: Ich bin eine Gutgenugistin!

Die Website parenting.com hat eine Umfrage unter 1000 Müttern gemacht zum Thema Neid. 92 Prozent von ihnen gaben an, ab und zu von Eifersucht heimgesucht zu werden – und zwar aus folgenden Gründen:

— 73 Prozent der arbeitenden Mütter beneiden die, die zu Hause bleiben.

— 46 Prozent der Stay-at-home-Mütter beneiden die arbeitenden Mütter.

— 66 Prozent sind manchmal neidisch auf ihren Mann, davon 32 Prozent, weil zwar beide arbeiten, er aber doch weniger tut, gerade im Haushalt.

— 60 Prozent der Mütter sind neidisch auf andere Mütter, davon 41 Prozent, weil deren Familie einfach irgendwie glücklicher wirkt; 26 Prozent, weil die Kinder so toll sind; 15 Prozent, weil die andere alles viel besser im Griff zu haben scheint.

Sprich: Die anderen sind neidisch auf Sie!

Ich würde unheimlich gern einmal hören, wie ein Mann erklärt, warum er findet, dass seine Frau nicht unbedingt stillen muss, und es geht keine Sekunde um ihre Brüste.

Wenn man nur nach dem Geräusch der ins Schloss knallenden massiven Tür ginge, dann müsste man annehmen, Anastasia Baker sei empört, erzürnt, ausser sich vor Wut über den Mann, der sich vom Haus entfernt, aber Anastasia Baker steht in ihrem Büro und jubelt: «Ach, die neue Website wird wundervoll, wundervoll, ich hab so ein gutes Gefühl», und ihre Managerin Katie, am Telefon, pflichtet ihr nickend bei und macht das Daumen-hoch-Zeichen. Diese internationale, interkulturelle Wutgeste des Türezuschmeissens passt also überhaupt nicht zur Stimmung, aber auch nicht zu Anastasia Baker, dieser zierlichen, hübschen, blonden, konservativ-korrekt gekleideten Frau. Und noch weniger zur Umgebung: dem Eingangsraum eines viktorianischen Stadthauses im noblen Londoner Stadtteil Fulham. Hier wohnt Baker mit der Familie, der Eingangsraum wurde umfunktioniert zum Headquarter von «Night Nannies». Der private Touch dominiert aber doch, das Büro ist eine Studie in einer Art pompöser Landhausstil: cremefarbene Wände, schwere Vorhänge, dicke Teppiche, ein Marmor-Cheminée, Sessel im Louis-XVI-Stil, viele Blumen, die meisten Möbel sind Antiquitäten, die Baker bei Sotheby's oder Christie's ersteigert hat und von ihrer Mutter restaurieren liess. Umso charmanter wirkt es, dass dieser Traum der sanften Farben, der nur dank der Wertigkeit der Materialien am Kitsch vorbeigeht, leicht unordentlich oder zumindest zerstreut daherkommt: Ein zerkautes Hundespielzeug hier (der Familienhund ist farblich logischerweise ein Labrador), ein Fleck auf dem Teppich dort, und das Pult wurde mit Büchern als Unterlage auf die richtige Höhe gebracht. Zur Einrichtung gewordenen Beschaulichkeit würde eigentlich leise klassische Musik passen, doch die Geräuschkulisse übernehmen das ununterbrochen klingelnde Telefon und Katies Gemurmel. Auf dem Desktop von Bakers Computer sind so viele Word-Files, die Icons würden sich meterhoch stapeln, wenn sie könnten. Das alles hier ist ein offensichtlich brummendes Geschäft, ein laufender Laden, eine klingelnde Kasse.

Es fing alles an mit akutem Schlafmangel. Schlafmangel kann zu Wahrnehmungsstörungen, Depressionen und Halluzinationen führen. Oder zu genialen Geschäftsideen. So zumindest war es bei Anastasia Baker. 1998 kam ihr erstes Kind zur Welt, Amelia. Drei Monate später stand Anastasia wieder im Studio, sie war Moderatorin bei der BBC. Sie stand zwar, aber auf der Höhe war sie nicht, die Übermüdung zehrte. Als sich kurz darauf herausstellte, dass sie wieder schwanger war, kriegte sie schon Panik, wenn sie nur daran dachte, dass jetzt alles wieder von vorne losgehen würde. Zu Recht: Zwei Monate nach Alexanders Geburt war Anastasia «auf den Knien» vor Erschöpfung. Sie hatte zwar, wie die meisten jungen Mütter in England, eine Nanny für die ersten paar Wochen, aber die änderte leider nichts am Hauptproblem: dass zerstückelter Schlaf nur halber Schlaf ist. Anastasia wollte keine Maternity Nurse, die 24 Stunden bei der Familie lebt, dafür war ihre damalige Wohnung zu klein, sondern jemanden, der zwei oder drei Nächte die Woche vorbeikommt und ihr und ihrem Mann so etwas ungestörte Ruhe ermöglicht. Wie soll man denn einem Kind oder gar mehreren gerecht werden, geschweige denn noch arbeiten, wenn einem die ganze Zeit schwindelig ist vor Müdigkeit? Sie begann also, sich durch die Agenturen zu telefonieren, aber so ein Angebot gab es nicht. Im Vertrauen darauf, nicht alleine zu sein mit ihrem Anliegen, gründete sie die Agentur «Night Nannies», 14 Jahre ist das her.

Inzwischen hat Baker allein in London 200 Nannys unter Vertrag, dazu noch etwa 500 im Rest von England. Die erste Kundin war eine Mutter, die anrief, nachdem ihr auf dem Spielplatz eine Frau gesagt hatte: Sie sehen aber fertig aus. Und ihr anbot, auf die Kinder aufzupassen, während sie ein Nickerchen machte. Der Moment, als die Frau realisierte, dass sie Hilfe brauchte, war, als sie auf dem Rücksitz des Autos einer wildfremden Frau einschlief. Es sind solche Frauen, die Anastasia anrufen, alle erschöpft, manche weinend. Es sind meistens berufstätige Frauen, es sind moderne Eltern, die mehr Geld haben als Energie. Es ist aber auch Prinz

Edward. Eine Night Nanny kostet 122 Pfund pro Nacht – das ist der Preis für das simple Bedürfnis, zwischen 21 und sieben Uhr nicht aufstehen zu müssen, um Fläschchen zu geben, Windeln zu wechseln, Bäuchlein zu reiben. «Natürlich ist das viel Geld», sagt Anastasia, «aber erstens ist Schlaf ab einem gewissen Erschöpfungsgrad unbezahlbar, und zweitens geht es hier um Ihr Neugeborenes. Alle unsere Nannys sind auf Herz und Nieren getestet und absolute Profis, was Babys angeht.» Die meisten von ihnen sind Hebammen, Kinderkrankenschwestern oder Kleinkinderzieherinnen. Mit 180 Pfund pro Nacht noch etwas teurer ist es, eine Sleep-Trainerin zu engagieren. Ein Angebot, das rasend schnell zum Bestseller wurde, nachdem Anastasia aufgefallen war, dass viele der Babys nach ein paar Besuchen der Night Nannies generell ein besseres Schlafverhalten zeigten. Nur drei bis vier Nächte reichen den Expertinnen durchschnittlich, um das Problem zu lösen. «Es sind nur vier meiner Frauen, die man als Sleep-Trainerin buchen kann. Sie haben alle sehr viel Erfahrung mit Babys, aber vor allem haben sie das gewisse Etwas. Es ist Magie. Zum Beispiel Maxine. Maxine ist so wundervoll! Wir nennen sie die Babyflüsterin. Keine Ahnung, wie sie das macht.»

Maxine auch nicht. Sie lacht ihr lustig-heiseres Lachen, als sie von den Lobpreisungen hört. «Alles, was ich mache, ist intuitiv. Beziehungsweise: basiert auf Erfahrung. Ich habe halt schon sehr, sehr, sehr viele Babys kennengelernt in meinem Leben!» Die 42-jährige schwarze Frau ist seit 16 Jahren Hebamme, hat einen Abschluss in Psychologie und gründete eine Abteilung für postnatale Depression in der St.-Georges-Klinik. Tabatha, ihre Klientin für die nächsten drei Tage, hat zwar keine Depression, aber sie sieht so aus. Wir sitzen in ihrem Wohnzimmer, der Fernseher läuft ohne Ton, und Sophia, das elfmonatige Baby, schläft schon seit zwei Stunden, es ist jetzt 21 Uhr. Tabatha hat Augenringe, und es sieht aus, als würden ihr ständig Tränen in die Augen schiessen, dabei ist sie gerade sehr glücklich: Steht ihr doch die erste Nacht ohne Störung seit einer «langen, langen, langen Zeit» bevor. Ihr Mann hat sich ins Hotel verzogen, um durchzuschlafen, die nächste Nacht wird er bei Maxine und Sophia bleiben, und Tabatha wird dann im Hotel einchecken. (Als Tabatha schläft, flüstert Maxine, sie hoffe, die beiden würden nach dieser ersten Nacht zusammen im Hotel bleiben. «Wir haben uns heute erst kennengelernt, ich verstehe absolut, dass sie erst mal hier bleiben will. Aber morgen? Die beiden sollen sich einen schönen Abend machen! So viele junge Eltern vergessen das! Vernachlässigen die Partnerschaft! Schrecklich schade!») Tabatha ist Anwältin, arbeitet seit kurzer Zeit wieder Ganzzeit und glaubt, «wenn ich ganz ehrlich bin, nicht daran, dass Maxine es schafft, Sophia in den drei Nächten, die sie gebucht ist, zum Durchschlafen zu bringen». Maxine lacht und drückt Tabathas Hand. «Ich zweifle aber nicht an ihren Fähigkeiten! Heute wollte Sophia den ganzen Tag nichts zu sich nehmen, weil sie erkältet ist, und kaum war Maxine da, ass sie. Das war schon erstaunlich. Aber das mit dem Schlafen ...» Es gehe ihr vielmehr darum, sich endlich mal wieder auszuruhen und, vor allem, von einem Profi zu hören, dass es nicht an ihnen liegt, dass Sophia zwei- bis dreimal pro Nacht aufwacht und ihr Fläschchen will. Tabatha schaut immer wieder auf die Uhr. Man merkt, dass sie regelrecht gierig ist auf jede Minute Schlaf. Irgendwann lacht Maxine und sagt: «Ab ins Bett jetzt.»

Sie sei selber immer wieder erstaunt darüber, wie Babys auf sie reagieren, sagt Maxine. Ihre beruhigende Ausstrahlung ist tatsächlich auch für Erwachsene spürbar. Aber daran allein kann es ja nicht liegen, dass all die Kleinkinder plötzlich durchschlafen, nachdem sie da war. «Nein», lacht sie leise und horcht, denn aus Sophias Zimmer kam ein Husten, «okay, sie wacht bald auf – aber der Rest ist oft sehr simpel. Es braucht nur jemanden von aussen, mit einem unverstellten Blick. Einmal zum Beispiel war der Grund für die nächtlichen Probleme, dass dem Baby zu kalt war. Ganz einfach. Deswegen wachte es ständig auf. Ein anderes stiess sich die ganze Zeit den Kopf am Bett, und als wir es mit Polstern schützten, schlief es plötzlich durch. Solche Sachen. Nur sehen so was die Eltern nicht mehr vor lauter Stress.»

Sie habe kein pädagogisches Regelwerk, sondern reagiere immer nach Gefühl. Bloss drei Dinge, die seien fix: Das Zimmer bleibt in der Nacht dunkel, der Lichtschein durch die Tür müsse reichen. Und es gebe keinen Augenkontakt und keine Gespräche, das Baby müsse spüren, dass es zwar nicht allein ist, aber dass die Nacht Ruhe bedeutet. Sophia weint jetzt, es ist 23.30 Uhr. Tabatha steht plötzlich im Flur, verschlafen, unentschlossen, Maxine winkt sie lächelnd weg und verschwindet in Sophias Zimmer. Sieben Minuten später kommt sie wieder heraus. Sie hat Sophia das Fläschchen gegeben und bemerkt, dass sie nicht wirklich trinkt, sondern nur etwas nuckelt. Richtig Hunger scheint sie also nicht zu haben – was sie auch nicht sollte, ab sechs Monaten kann der Magen eines Babys genug aufnehmen, um es durch die Nacht zu bringen. Oft sei es allerdings so, dass die letzte Mahlzeit zu leicht oder zu wenig war, um bis zum Morgen zu reichen. Maxines Plan ist es also, bald ganz auf das Fläschchen zu verzichten und Sophia nur zu beruhigen, damit ihr Körper merkt, dass es ohne geht – schlichte Konditionierung. Bald, aber nicht jetzt: «Bei einem kranken Baby bringt alles nichts», sagt sie, «die Kleine ist schon gestresst genug.»

Maxine stellt den Fernseher auf einen Strich lauter als laut-los und schaut Nachrichten. Sie wird diese Nacht nicht schla-fen, auch nicht dösen: Dafür werde sie schliesslich nicht be-zahlt. Um vier Uhr wird Sophia noch einmal weinen, es wird nur fünf Minuten dauern, sie zu beruhigen. Um sechs Uhr wird Tabatha aufstehen, ausgeruht, erstaunt, glücklich. Ma-xine wird nach Hause fahren, ein paar Früchte essen und ins Bett gehen. Nach ihrer dritten Nacht bei der Familie wird Sophia das erste Mal in ihrem Leben durchschlafen. Es wird von einem Wunder die Rede sein.

Die meisten Unternehmen in der Schweiz geben ihren Ange-stellten einen Tag Urlaub, wenn sie Vater werden. (Also gleich viel, wie wenn jemand stirbt.) Inzwischen haben aber einige Unternehmen freiwillig eine etwas grosszügigere Regelung eingeführt: Bei den SBB etwa oder der Novartis gibt es eine Woche voll bezahlten Urlaub. Ein grossartiger Arbeitgeber in dieser Hinsicht ist die katholische Kirche im Kanton Zü-rich – frischgebackene Väter kriegen vier Wochen bezahlt frei.

Man hat ja jetzt herausgefunden, dass Ehepaare, die sich die Hausarbeit in konservativ-rollenkonformer Manier teilen, mehr Sex haben als solche, wo beide ganz genderneutral alles machen. Will heissen: Ehepaare, bei denen der Mann Bäume fällt und Sachen repariert und die Frau abwäscht und putzt, haben 1,6-mal mehr Sex als Paare, wo der Mann auch «Frauenarbeiten» übernimmt. (Für Menschen, denen nackte Zahlen nichts sagen: Das heisst zum Beispiel einmal Sex in der Woche für die einen und einmal Sex plus ein Handjob vor dem Fernseher in der Woche für die anderen.) Die Studie war ein Follow-up zu der Untersuchung, die ans Licht gebracht hatte, dass Paare, wo beide Hausarbeit machen, mehr Sex haben als solche, wo der Mann gar nix tut. Ein Exkurs noch zu diesen Paaren: Die haben also zwar wenig Sex, aber die Scheidungsrate ist bei ihnen um 50 Prozent tiefer als bei Paaren, wo Hausarbeit geteilt wird, das zeigt eine norwegische Studie aus dem letzten Jahr. Schwer vorstellbar allerdings, dass das so ist, weil diese Beziehungen besonders glücklich sind – ich tippe mal auf religiös oder ultraverkorkst.

Man könnte sich nun fragen, warum das eigentlich so interessant sein soll, wie oft welche Leute Sex haben. Aber es ist schon sinnvoll, denn Sex ist sozusagen der feste Aggregatszustand von Beziehungsglück. Zumindest für Frauen. Eine Frau, die frustriert ist (und das passiert, wenn sie das Gefühl hat, ihr Leben sei weniger angenehm als das des Partners), hat nun mal seltener Lust. Sei es, weil sie einfach keine Zeit hat vor lauter Hausarbeit, sei es, weil sie ihren Partner blöd findet oder weil sie ihn bestrafen will. (Als ich mal mit einem schwulen Freund über Gründe gegen Sex sprach, nickte er fasziniert-mitleidig und sagte: «Ja, da seid ihr Frauen halt schon anders.»)

Jedenfalls ist Hausarbeit ein Fakt und Glück das Ziel. Man könnte aus dem eingangs erwähnten Befund nun ableiten, dass doch alles super ist, solange der Mann seine männlichen Sachen macht. Blöd ist allerdings, dass es ziemlich sicher sehr viel mehr Hausarbeit gibt, die in die weibliche Kategorie gehört und ausserdem noch viel öfter anfällt. Kochen zum Beispiel muss man jeden Tag, Reifen wechseln am Auto nicht. Wäsche machen ist ein zeitraubender Prozess, den Müll rausbringen nicht. Ganz zu schweigen davon, dass wahrscheinlich alles, was mit Babys zu tun hat, unter «Frauenarbeit» fällt.

Also muss es einen Weg geben, wie diese weiblichen Tätigkeiten maskulinisiert werden, eine Veränderung der Perspektive auf diese Pflichten, damit sie der Mann auch machen kann, ohne dass nachher niemand mehr Sex haben will. Hier mal ein paar Anregungen.

— Staubsaugen: supermaskulin! Laute Maschine. Langes Rohr. Bis in die Ritzen sauber machen. Einstecken, ausstecken. Einstecken, ausstecken.

— Gartenarbeit: supermaskulin! Die Pflanzen sind auf Gedeih und Verderb vom Gärtner abhängig. Jäten ist Töten. Es gilt, Feinde in die Flucht zu schlagen (Schnecken, Läuse). Nur ein ganzer Kerl kann einen Rittersporn am Leben halten.

— Aufräumen: supermaskulin! Wer aufräumt, weiss als Einziger, wo die Dinge sind, hat als Einziger den Überblick. Sprich: totale Kontrolle.

— Einkaufen: supermaskulin! Mal im Ernst: Männer beziehen ja angeblich total viel von ihrer Männlichkeit daraus, der Versorger zu sein, dann muss doch konkretes Essen-nach-Hause-Bringen die absolute Testosterondröhnung sein!

Und so weiter! Pimpen wir die ollen Rollen.

Mit eineinhalb Jahren hat mich mein Sohn etwa zwei Monate lang konsequent «Papi» genannt.

Man versucht ja, es so gut wie möglich zu machen. Das Kind nicht aus Versehen umzubringen, das Kind daran zu hindern, sich selbst aus Versehen umzubringen, das Kind so wenig wie möglich fürs Leben zu traumatisieren, zu schauen, dass das Kind genug Nahrung, Liebe, Spass und Förderung hat. Das ist schon schwierig genug. Aber es wird noch unendlich viel schwieriger, wenn man versucht, es *richtig* zu machen. Oh, dieses verdammte richtig. Es gibt nichts Nervenaufreibenderes, als herauszufinden, was richtig ist, wenn es um Kinder geht. Da werden die simpelsten Entscheidungen zur ethischen Knacknuss. Zum Beispiel: Wie ist mit dem Problem umzugehen, dass Babys ihre Ausscheidungen noch nicht im Griff haben und völlig willkürlich pinkeln und kacken? Das ist leicht, sagen Sie jetzt, eine Windel anziehen! Ein paar Superschlaue unter Ihnen denken noch einen Schritt weiter und korrigieren: aber keine Wegwerfwindeln, sondern Stoffwindeln! Wegen der Umwelt! Ach, Quatsch, rufen jetzt die mit den Wegwerfwindeln, man hat herausgefunden, dass die ständige Wascherei viel schädlicher ist für die Umwelt als das bisschen Abfall! Aber nicht, wenn man von Hand wäscht, mit indischen Waschnüssen!, rufen die Stoffwindelwickler. Denen wird Fischgiftigkeit nachgesagt, rufen die Pampers, und willst du deinem Baby wirklich etwas an den zarten Popo schnallen, was Fische umgebracht hat? Und dann würde ich schreien: Ihr liegt alle falsch! Ihr Rabeneltern! Eure Kinder tun mir leid!!! Denn man hat jetzt herausgefunden, dass jegliche Form von Windeln die Entwicklung der kindlichen Gehfähigkeit beeinträchtigt. In einem Versuch mit 13 Monate alten Babys stürzten nur 10 von 30, wenn sie nackt waren, dafür 17 mit Wegwerfwindeln und schockierende 21, wenn sie Stoffwindeln trugen. Das sind mehr als zwei Drittel der gerade mal jährigen Babys, von denen viele noch überhaupt nicht laufen können, die einfach umgefallen sind, sich hingelegt haben, pardautz, wahrscheinlich sogar ohne Helm! Und bei den fortgeschritteneren 19 Monate alten stolperten vier nackt, genau gleich viele mit Wegwerfwindeln, aber doppelt so viele mit Stoffwindeln. Wenn man es *wirklich richtig* machen will, kleidet man also die Wohnung mit Plastik aus und streut Heu, bis das Kind sauber ist. Nur, damit es als Erwachsene/r irgendwann mit dem Spruch aufgerissen wird: Hey, du hörst das bestimmt die ganze Zeit, aber du kannst wirklich extrem gut laufen.

Stewie: «Lois! Lois! Lois! Lois! Lois! Mom! Mom! Mom! Mommy! Mommy! Mommy! Mama! Mama! Mama! Ma! Ma! Ma! Ma! Mum! Mum! Mum! Mum! Mummy! Mummy! Mumma! Mumma! Mumma!» Lois: «*What!!!*» Stewie: «Hi.»
Family Guy, Stewie Loves Lois (Season 5, Episode 1)

Fortsetzung von Seite 26

Von: Michèle Roten
An: Nils Pickert
Betreff: Wie Vater sein

Wie fühlst du dich eigentlich mit Rock? Und wie oft trägst du den tatsächlich? Und geht dein Sohn auch mal ohne dich im Rock raus oder du ohne ihn? Und: Kannst du mal die schönste und die übelste Reaktion bisher beschreiben?

Von: Nils Pickert
An: Michèle Roten
Betreff: Wie Vater sein

@ Rockgefühl: Eigentlich ziemlich gut. Für den Sommer sind Röcke spitze, haben aber leider keine Taschen – das nervt. Allerdings wäre ich ohne Anlass nicht auf die Idee gekommen, Röcke zu tragen. Daher mache ich das ohne den Kleinen auch nicht. Weil es mir persönlich nichts bringt und weil ich mir den Rock auch nie als politische Aussage angezogen habe.

@ Tragefrequenz: Mein Sohn macht das inzwischen wieder ganz selbstständig. Fast nur im Sommer, oder er kombiniert Kleider und Röcke mit Hosen – ganz so wie ihm das passt.

@ Reaktionen: Ein Berliner Travestiekünstler hat einen langen Leserbrief darüber geschrieben, wie sehr er sich mich als Vater gewünscht hätte. Seine Kindheit klang furchtbar – das hat mich berührt. Andere Leute haben mich auf Youtube Idiot genannt oder mich in Kommentaren als gottlose Schwuchtel bezeichnet, die man abknallen sollte.

Von: Michèle Roten
An: Nils Pickert
Betreff: Wie Vater sein

Apropos gottlose Schwuchtel, die man abknallen sollte: Du bezeichnest dich ja selbst als Feministen. Gabs da einen Schlüsselmoment, wurdest du so erzogen, oder wie kam das?

Von: Nils Pickert
An: Michèle Roten
Betreff: Wie Vater sein

Ich bin nicht so erzogen worden – ich bin in der ehemaligen DDR aufgewachsen, da gab es so etwas nicht. Frauen waren notgedrungen gesellschaftlich mehr eingebunden. Ich habe mich aber immer für Gerechtigkeit interessiert. Feminismus ist ein Gerechtigkeitsspezialfall.

Hinzu kommt, dass meine Lebensgefährtin Gleichstellungsbeauftragte ist und das Thema in unserem Studium immer eine Rolle gespielt hat. Feminismus ist eigentlich nur die Fortsetzung unserer Überzeugungen.

Von: Michèle Roten
An: Nils Pickert
Betreff: Wie Vater sein

Wie ist eure Tochter (wie alt ist sie eigentlich?) so drauf? Hat sie Barbie-/Prinzessin Lillifee/Alles-nur-noch-rosa-Anwandlungen? Und wenn ja: Wie geht ihr damit um?

Von: Nils Pickert
An: Michèle Roten
Betreff: Wie Vater sein

Meine Tochter wird im Sommer acht und ist total cool. Sie kann wunderschön malen, vom Dreier springen, sich schick machen, auf Hüttentouren gehen und auch sonst einfach alles, was sie sich in den Kopf setzt. Rosa Anwandlungen hat sie sehr selten und vor Jahren gehabt.

71

Im Prinzip ist/war es so: Wenn sie Barbies, rosa Lackschühchen oder sonst was will, was ich nicht einsehe, muss sie es sich von ihrem Taschengeld kaufen.

Von: Michèle Roten
An: Nils Pickert
Betreff: Wie Vater sein

Machst du dir nicht manchmal Sorgen, dass sie trotz allen Vorbildern von eurer Seite plötzlich eine Tussi wird? Oder sich mit zehn eine Schönheits-OP wünscht? Solche Sachen? Ich überleg mir das immer bei meinem Sohn. Kinder machen doch bekanntlich eh immer das Gegenteil von dem, was sich die Eltern wünschen! Was, wenn mein Sohn ein total widerlicher Macho wird?

Von: Nils Pickert
An: Michèle Roten
Betreff: Wie Vater sein

So was kann selbstverständlich passieren. Irgendwie müssen Kinder ja gegen einen rebellieren. Ich kann meinen Kindern nicht mehr anbieten, als ihnen zu zeigen, wie sie möglichst frei und selbstbestimmt leben können, ohne andere zu beschneiden.

Ob sie das tun, ist ihre Sache. Ihr Recht – ihr Leben. Ich habe keinen Anspruch darauf, meine Träume und Ideale in ihrem Leben zu verwirklichen. Es ist eher so, dass die Träume und Ideale meines Lebens eine gewisse Strahlkraft haben. Oder eben auch nicht.

Von: Michèle Roten
An: Nils Pickert
Betreff: Wie Vater sein

Und mal ganz ohne Zenbuddhismus: Wie okay wär es für dich, wenn sie sich in einem Jahr einen gepolsterten BH wünscht? Was würdest du ihr erklären? (Abgesehen davon, dass sie ihn selber kaufen müsste.)

Von: Nils Pickert
An: Michèle Roten
Betreff: Wie Vater sein

:-) – Eigentlich bin ich ja Atheist. In einem Jahr kriegt sie keinen BH, weil sie da noch keine Möpse hat. Punkt! Ich kauf ihr auch kein Autoradio, weil auch dazu die Voraussetzungen fehlen. Wenn sie irgendwann Möpse hat, soll sie meinetwegen BHs tragen, und wenn sie die hochpushen will, würd ich mal anfragen, warum und wozu. (Zumal ich gerade einen Artikel über einen französischen Wissenschaftler gelesen habe, der 15 Jahre lang die Brüste von 320 Frauen vermessen hat und zum Schluss gekommen ist, dass das Tragen eines BHs die körperinnere «Aufhängung» der Brust zur Untätigkeit verdammt, was dazu führt, dass das Gewebe erschlafft. BHs seien also «unnütz bis schädlich».)

Ich fänd es uncool, wenn meine Tochter sich so fremdbestimmt sexualisieren liesse. Mehr als ihr die Verhältnisse erklären und ein paar Regeln aufstellen kann ich jedoch nicht. Ich bin auch nicht ihr Sittenpolizist, sondern ihr Vater.

Von: Michèle Roten
An: Nils Pickert
Betreff: Wie Vater sein

Als androgyn gebautes Ex-Mädchen muss ich dir etwas verraten: Gerade weil sie keine Möpse haben, wollen Mädchen ohne Möpse einen BH. Zum Möpsebasteln! Und wenn der BH gepolstert ist, sprich die Möpse schon dran – umso besser! (Schade gab es das zu meiner Zeit noch nicht. Hätte mir einige peinliche Momente erspart. #Daschaut-klopapierausdeinemausschnitt.) Mein Sohn ist, abgesehen davon, dass er gern lackierte Fingernägel trägt und sein Lieblingsbody rosa gestreift ist, ein totales Klischee von einem Jungen. Sein erstes Wort war «Auto». Das zweite «Bagger». Und so weiter. Und das, obwohl ich wirklich versucht habe, ihn so wenig wie möglich zu primen. Wo stehst du in der Nature-vs.-Nurture-Debatte?

Von: Nils Pickert
An: Michèle Roten
Betreff: Wie Vater sein

Is mir klar @Möpse :-). Und zu deiner Frage: Ich bin ganz klar der Meinung, dass es natürliche Unterschiede zwischen Männern und Frauen gibt – allerdings sind die Ausmasse weit weniger umfänglich, als die meisten annehmen. Im Jahr 2000 hat die BBC dazu ein tolles Projekt initiiert, um genau diese Frage zu klären. Leider ist es vor einigen Jahren versandet. In einer Folge haben sie den Eltern das sechs Monate alte Baby anderer Eltern aus dem Programm zum Aufpassen gegeben und sie dabei beobachtet. Die meisten Kinder hatten in diesem Alter durch die Vorgaben der Eltern schon mehr oder weniger feste Vorlieben für geschlechtsspezifisches Spielzeug. Also haben sie die Kleinen crossgedresst (also Mädchen auf Junge und andersrum) und geschaut, was passiert. Ergebnis: Fast alle Eltern haben die vermeintlichen Jungen oder Mädchen aktiv davon abgehalten, mit dem «nicht für sie vorgesehenen» geschlechtsspezifischen Spielzeug zu spielen. Ganz besonders die Mädchen in Jungsklamotten hatten *nicht* mit Puppen zu spielen! Und das waren Eltern, die gesagt haben: Wir lassen unseren Kindern die Wahl, wir sind da nicht so, blablabla. Von wegen! Wir rezipieren ständig Geschlechterklischees, wir lesen sie, wir sehen sie, wir fühlen sie. Gleichberechtigung macht man nicht so nebenbei – man muss sich ständig gegen die bestehenden Verhältnisse lehnen und wach bleiben. Das strengt an. Das nervt. Aber es lohnt sich.

Fortsetzung auf Seite 90

Wer steht öfter auf in der Nacht? Sie, der Vater? Die Wahrscheinlichkeit ist gross, dass Sie sich nicht einig sind. Man nennt das Competitive Sleep Syndrome. In einer Untersuchung gaben rund die Hälfte der befragten 500 Paare an, sie hätten regelmässig Diskussionen darüber, wer müder sei als der andere. 42 Prozent der Mütter sagten, sie reagierten innert 30 Sekunden auf Weinen aus dem Kinderzimmer, und 68 Prozent sagten, ihr Partner brauche fünf Minuten oder länger, um in die Gänge zu kommen. Nur 1 Prozent der Frauen wachen nicht auf, wenn das Baby weint, aber 43 Prozent der Väter schlafen so tief, dass sie es nicht hören. (Ich hoffe, in der Untersuchung wurde die Frage gestellt: «Kam es schon mal vor, dass Ihr Partner am Morgen aufwachte und jubelte: ‹Wie toll, das Baby hat durchgeschlafen!›, während sie total kaputt vom halbstündlichen Aufstehen gerade darüber nachdachten, sich zu ritzen, um mal wieder was zu fühlen?»)

57 Prozent der Frauen gaben an, einen leichteren Schlaf zu haben, auch wenn das Kind inzwischen durchschläft. Rund ein Viertel der Paare gibt an, sie hätten Beziehungsprobleme wegen des Schlafmangels bzw. der Diskussionen darüber.

Ich bin übrigens ziemlich sicher, dass es auch einen Fachausdruck gibt für das Phänomen, dass Väter sehr oft genau in dem Moment, wo die Mutter sich anschickt, irgendetwas zu tun, sagen: «Das wollte ich auch gerade machen!» Ein Beispiel, um beim Schlafthema zu bleiben: Das Kind weint, beide werden wach, beide warten, dass der andere was tut, die Mutter steht irgendwann auf, und nach zwei Schritten murmelt der Mann: «Ich wollte auch grad aufstehen!»

Und eigentlich müsste die Frau dann natürlich – anstatt wie von ihm erwartet nicht darauf einzugehen, weil sie jetzt ja schon unterwegs ist – einfach sagen: «Ach so, okay» und sich sofort wieder hinlegen.

Warum wurde mir eigentlich erst nach zwei Wochen und unzähligen nassen Bodys pro Tag gesagt, dass man bei Jungen darauf achten muss, dass das Schnäbi in der Windel nach unten zeigt?

Irgendwann versteht man, was alle meinten, wenn sie sagten: Geniess es, solange es noch so klein ist! Was natürlich für eine Frau mit wunden Brustwarzen, die jederzeit irgendwo Kackeflecken hat (von denen man aber behaupten kann, es sei gelbes Thai-Curry) und ausserdem von der ständigen Sorge geplagt wird, dass dieses Wesen sofort stirbt, sobald man auch nur den kleinsten Fehler macht, wie blanker Hohn klingt. Aber ein paar Monate später versteht man, was sie meinten. Neugeborene sind so easy! Sie schlafen eigentlich nur. Wenn sie nicht schlafen, dann trinken sie. Ab und zu weinen sie. Aber man kann sie irgendwo hinlegen, und zehn Minuten später liegen sie immer noch da. Sie sind handlich und leicht, man kann sie in ein Tragetuch oder Ähnliches stecken, was sie sehr glücklich macht, und man hat beide Hände frei und kann raus in die Welt. Man kann sie an ein Fest mitnehmen, und sie schlafen in irgendeiner Ecke oder unter einem Tisch. Sie werfen mit nichts um sich. Sie ziehen sich nicht die Windel aus und machen in die Ecke. Sie schleichen sich nicht an und schauen dabei zu, wie die Eltern Sex haben. Sie sagen nicht «Ja» auf die Frage: «Okay, du kriegst die Schokolade, aber dafür läufst du nachher selber die Treppe hoch, versprochen?» Und nachher merkt man, dass das voll gelogen war. Neugeborene sind *so* easy!

Manchmal stelle ich mir Szenen vor, weil es lustig wäre, sie zu beobachten. Etwa diese: Ein attraktives, urbanes Paar beim Nachtessen. Die Wohnung sieht nicht nach Kindern aus, sondern nach doppeltem Einkommen und viel Zeit, darüber nachzudenken, was damit angestellt werden könnte. Grosser

Tisch, grosse Vase mit grossen Blumen darin, eine L'Occitane-Duftkerze, eine Flasche Wein zu Scaloppine al limone.

Sie (trinkt einen Schluck Wein): «Warum sagst du mir eigentlich nie, ich solle nicht so viel trinken?»

Er: «Warum, trinkst du zu viel?»

«Ich trinke nicht wenig.»

«Ja und?»

«Ich habe gerade gelesen, dass Frauen mehr trinken, sobald sie verheiratet sind; Männer dagegen weniger.»

«Stimmt, ich habe früher mehr getrunken.»

«Und warum?»

«Weil ich da mehr unterwegs war, mehr mit den Jungs, in Bars ...»

«Die wilden Zeiten halt, und jetzt sind wir mitten in der langweiligen Zeit, wo man zu Hause isst und ein Gläschen Rotwein trinkt.»

«Ist doch schön!»

«Und manchmal nicht einmal das, wenn du es am Wochenende mit den Jungs übertrieben hast und ich allein dasitze mit meinem Wein.»

«*Du* warst es doch, die gemeint hat, ich müsse aufpassen wegen dem Bauch!»

«Das Aufpassen geht immer auf meine Kosten. Ich würde auch gern wieder einmal zu viel trinken mit dir. Besoffen rumtorkeln, lustige Sachen erleben.»

«Als ich dich kennengelernt habe, konntest du keinen Schluck Bier nehmen, ohne eine Grimasse zu ziehen!»

«Tja, siehst du.»

«Siehst du was?»

«Irgendwann hab ich auch mal gelesen, dass Frauen in der Ehe eher zunehmen, während Männer dünner und gesünder werden.»

«Die Frauen lassen sich eben gehen, weil sie jetzt einen Mann gefunden haben.»

«Vielleicht. Aber vor allem wird es damit zu tun haben, dass der Ernährungskompromiss für den Mann günstiger ist. Wenn sie sozusagen vorher nur Salat gegessen hat und er nur SchniPo, dann wird es in der Ehe SchniSa geben, weil sie will, dass er sich gesünder ernährt, aber doch auch noch Spass daran hat. Und SchniSa ist für ihn weniger Kalorien als gewohnt, aber für sie mehr, weil sie hätte ja vorher nur den Salat gegessen.»

«Sucks for you!»

«Und vielleicht hat es auch damit zu tun, dass die Ehe für die Frau einfach mehr Arbeit bedeutet, sie mehr in Anspruch nimmt als den Mann, die ganze Hausarbeit, eben SchniSa kochen, auf den Mann aufpassen, schauen, dass er nicht aus Nachlässigkeit krepiert, seine Muttermale kontrollieren, ihn ab und zu mal zum Arzt schicken, was ja immer eine recht zeit- und energieaufwendige Angelegenheit ist, schauen, dass er der Mutter Blumen schickt zum Geburtstag, damit sie ihn nicht irgendwann umbringt, seine Pediküre machen, damit sich der eingewachsene Fussnagel nicht irgendwann in sein Herz bohrt, schauen, dass er sich nicht zu Tode säuft – und *ohmeingott* die Ehe bedeutet natürlich meist vor allem: Kinder!!! Und mit denen wäre dann auch das letzte bisschen Zeit für Fitnesscenter, Coiffeur, Ganzkörperwaxing, Schminkkurs und so weiter gestorben.»

«Und der Mann wird immer attraktiver und fitter und die Frau immer unansehnlicher ...»

« ...und irgendwann sagt er zu seiner Affäre: Meine Frau hat sich einfach total gehen lassen.»

«Ihr seid so gut zu uns.»

«Ihr seid so schlecht für uns.»

«Noch einen Schluck Wein?»

Was mich interessieren würde: wieviele Eltern pro Jahr einen
Nasenbruch erleiden durch Baby-Schwedenkuss.

Mann, Gisele Bündchen. Als ob es nicht genug wäre, besser
auszusehen als ungefähr 99,9999 Prozent der Weltbevölke-
rung, jetzt muss sie auch noch herumrennen und erzählen,
die Geburt ihrer beiden Kinder habe «nicht im Geringsten
wehgetan». Echt? Muss man das der Welt mitteilen? Ist das
nicht so etwas, was man eines Abends oder von mir aus jeden
Abend, bei Sonnenuntergang auf der Hollywoodschaukel
sitzend, still für sich festhält und denkt: Es ist schon absurd,
was für ein Glück ich habe! Wie reich gesegnet ich bin!
Ich finde wirklich, Frauen sollten sich nicht gegenseitig
das Leben noch schwerer bitchen, als es eh schon ist. Und ich
finde auch, es ist wichtig, dass in einem Land wie Brasilien,
wo die Kaiserschnittrate in einigen Kliniken rund 80 Prozent beträgt, mal jemand darüber spricht, dass eine natürliche Geburt möglich ist und sogar ein schönes Erlebnis sein
kann. Und natürlich sollen nicht nur die Horrorstorys her-
umgereicht werden, aber es gibt zwei Gründe, warum solche
wie die von der Bündchen eigentlich überhaupt gar niemandem was bringen: Erstens können mit diesen Bildern vor Augen die meisten Frauen nur enttäuscht werden. Und zweitens
brauchen die, bei denen es nicht ideal lief, dringender Trost
und das Gefühl, nicht die Einzige zu sein. Nicht die Einzige,

bei der nicht die Engel sangen, als der Damm riss. Nicht die Einzige, die nicht lächelnd presste und gleichzeitig dem Mann die Fussnägel feilte. Wir Frauen machen uns schon genug Stress. Da müssen wir nicht auch noch auf die Idee kommen, eine gute Mutter zu sein fange damit an, dass sie keine Schmerzen empfindet bei der Geburt, weil sie die richtige Einstellung hat oder weil sie sich mehr freut aufs Kind oder weil sie sonst einfach besser ist als die mit der PDA.

Mann, Gisele Bündchen. Aber vielleicht bin ich auch nur neidisch, weil sie so scheissbegünstigt ist.

Es gibt Meinungen, die vertritt man schon so lange und so überzeugt, dass man sie irgendwann mit Wissen verwechselt. Es hat oft auch damit zu tun, dass man sich in einem Umfeld bewegt, in dem die Haltungen zu den wichtigsten Dingen des Lebens grösstenteils geteilt werden, und so bleibt vieles unhinterfragt und kann schön langsam zu vermeintlichen Tatsachen versteinern. Dergestalt scheint es mir im Nachhinein ganz gut, dass diese Episode passiert ist, auch wenn ich sie währenddessen gänzlich unerquicklich fand.

Es war so: Ich mit Baby in einem Bus, neben uns eine etwa 40-Jährige, die gar nicht aussah wie ein SVP-Fundi. Baby hangelt sich an ihren Haaren hoch, weil: Er will die Brille.

Sie: «Ach, wie süss. Der ist aber zutraulich. Tust du gar nicht fremdeln, hm?»

Ich: «Nein, überhaupt nicht. Ich vermute, das hat mit der Krippe zu tun.»

«Oh, schon in der Krippe? Und das tut Ihnen nicht weh, ihn da abzugeben?»

81

(Ich schwöre, sie wollte «abschieben» sagen und hat sich dann noch zusammengerissen. Wurde eigentlich schon mal ein Mann gefragt, ob es ihm nicht wehtue, so viel zu arbeiten oder das Kind in die Krippe zu geben?)

«Im Gegenteil. Ich habe jedes Mal, wenn ich ihn bringe, ganz ehrlich das Gefühl, ich tue ihm etwas Gutes.»

«Also, ich habe da meine Bedenken.» Zum Baby: «Für dich gibt es doch nichts Besseres, als beim Mami zu sein, gäll?»

Ich stieg aus dem Bus aus und war erstens verdattert, weil diese Frau der erste Mensch war, mit dem ich je persönlich gesprochen habe, der gegen Fremdbetreuung ist. Ich höre immer wieder, dass es sie gibt, diese Menschen, aber geschützt in meinem kleinen Universum Ähnlichdenkender, wähne ich sie sehr weit weg. Zweitens hätte ich ihr gern ein paar wissenschaftliche Ergebnisse um die Ohren gehauen, die zeigen, dass Krippen (abgesehen davon, dass sie nötig sind, für Frauen und Männer, die trotz Kindern arbeiten wollen oder müssen) Kindern guttun oder zumindest nicht schaden – aber ich hatte keine! Das fand ich doch sehr seltsam. Ich recherchierte also ein bisschen: Hier sind ein paar handfeste Argumente pro Krippe für die nächste Busfahrt (natürlich alles unter der Voraussetzung einer qualitativ guten Betreuung).

— Krippenkinder haben im Alter von 30 eine bessere Bildung und verdienen mehr. Das zeigt der Vergleich der ersten Generation Norweger, die vom Ausbau der Betreuungsstätten ab 1975 profitierte, und der Generation just davor, die überwiegend familienbetreut war. Besonders stark trat der Effekt übrigens bei Kindern aus Unterschichtenfamilien auf.

— Krippenkinder haben zwar während der ersten drei Lebensjahre öfter Infektionskrankheiten als familienbetreute Kinder; die wiederum sind aber nach Eintritt in den Kindergarten deutlich häufiger krank als Krippenkinder. Ausserdem gibt es Evidenz dafür, dass ein früher Krippeneintritt das spätere Auftreten von Asthma und Heuschnupfen vermindert.

— Krippenkinder sind oft weniger ängstlich, durchsetzungsfähiger und sozial kompetenter. Und gerade in Zeiten, wo immer mehr Einzelkinder aufwachsen, ist der frühe und intensive Kontakt mit anderen Kindern umso wichtiger.

— Und noch etwas: Französische Frauen verbringen weniger Zeit mit ihren Kindern als Amerikanerinnen, geniessen sie aber mehr – Amerikanerinnen machen sogar Hausarbeit lieber, als den Nachwuchs zu betreuen. Und am allerwichtigsten für die Entwicklung, so die einhellige wissenschaftliche Meinung, sind glückliche Eltern, die sich gern mit dem Kind beschäftigen.

Warum heisst es auf Schweizerdeutsch eigentlich *das* Mami aber nicht *das* Papi?

Ich wäre froh gewesen, hätte man mir mehr über den Hormonsturz nach der Geburt erzählt. Natürlich war mir klar, dass es da eine kleinere Umstellung geben würde, ich rechnete mit Schwankungen, Hochs und Tiefs und «ein bisschen emotional» und dergleichen. Nicht damit, dass ich mitten in der Nacht heulend die Pflegefachfrau herbeiklingeln würde, weil ich plötzlich überzeugt bin, dass mich mein Sohn mit einem

eiskalten Blick fixiert, sobald wir allein im Zimmer sind, dass
er böse ist und mich fertigmachen will. Auch nicht damit,
dass ich jedes Mal heulen muss, wenn die eine Frau das Essen bringt, weil sie so unheimlich nett ist. Auch nicht damit,
dass ich Besuch zuerst kurz wegschicken muss, weil ich gerade eine unerklärliche Heulattacke habe, und den Besuch, als
ich mich beruhigt habe, definitiv wegschicken muss, weil mich
dessen Parfum in den Wahnsinn treibt, was mir so leid tut,
dass ich noch viel mehr heulen muss. Auch nicht damit, dass
ich, kaum zu Hause, überhaupt keine Lust habe zu bäbelen,
sondern rauswill, in meine Lieblingsbar, Freunde treffen, mit
meinem alten Leben weitermachen, und nicht kann, weil da
jetzt dieses Neugeborene ist, von dessen Wartung ich überhaupt keine Ahnung habe, weswegen ich wieder ein paar
Stunden heule, worauf ich ein paar Stunden heule, weil es
mir so leid tut für meinen Sohn, dass ich heule, weil ich ihn
jetzt habe, was er wirklich nicht verdient, weil er ist ja unglaublich niedlich, so niedlich, dass ich heulen muss und so
weiter.

Das ging glücklicherweise nur drei Tage so.

Ich mag gar nicht daran denken, wie allein gelassen
man sich mit einer ausgewachsenen postpartalen Depression
fühlen muss.

In einer Diskussionsrunde zum Thema Frauen und Arbeitswelt berichteten mehrere Frauen, dass ihnen von Vorgesetzten
schon während der Schwangerschaft gesagt wurde, sie würden schon sehen, wenn das Baby erst da sei, sei ihnen der Job
nicht mehr so wichtig, würden sie den Biss verlieren. Anderen

wurde es zwar nicht gesagt, sie kriegten aber nach ihrer Rückkehr aus dem Mutterschaftsurlaub plötzlich andere Projekte zugeteilt – die weniger anstrengenden, aber auch weniger interessanten.

(Ach ja, und eine erzählte, dass ihr Chef, als sie eine Lohnerhöhung verlangte, gesagt habe, das gehe nicht, und die Begründung lautete: weil sie kein Mann sei.)

Laut einer Studie der OECD kümmern sich berufstätige Mütter mehr um die Kinder als nicht berufstätige Väter (z. B. Deutschland 70 versus 40 Minuten, Südafrika 40 versus 5 Minuten).

Ich belauschte neulich ein Gespräch zwischen zwei Frauen über den Sohn einer Bekannten, der offenbar ohne Vater aufwächst. Sie machten sich Sorgen darüber, dass dieser Junge zu wenige Männer in seinem Leben hat. Der Vater weg, der Grossvater tot, und die neuen Partner der Mutter wechseln häufig. Und in der Schule seien «ja auch alle Lehrer Frauen». (Es sind also nicht mal die Lehrerinnen Männer.) Der Junge, seufzte die eine Frau irgendwann, hat kein männliches Vorbild.

Das hört man ja recht häufig dieser Tage. Ich weiss nie genau, was damit gemeint ist. Denn da dieser Satz eigentlich nur im Zusammenhang mit abwesenden Vätern geseufzt wird, muss man davon ausgehen, dass das «männliche Vorbild» gleichzusetzen ist mit «Vater», oder nicht?

Ich musste an biertrinkende, fernsehende Väter auf Couches denken. An prügelnde Väter. An missbrauchende Väter. An Väter, die so viel arbeiten, dass sie für die Familie eigentlich inexistent sind. An Väter, die ein Problem haben mit der Homosexualität ihrer Söhne, an Väter, die unerfüllbare Erwartungen an ihre Kinder stellen, an lügende, betrügende Väter.

Die Söhne dieser Väter haben also ein männliches Vorbild. Na super!

Damit ist offenbar etwas Quantitatives gemeint, nicht etwas Qualitatives. Darum seufzen wir vielleicht auch so selten darüber, dass den Mädchen die weiblichen Vorbilder fehlen. Weil es einfach nicht so viele alleinerziehende Väter gibt!

Jedenfalls weiss ich nie so recht, was da genau beklagt wird. Können nicht Menschen des öffentlichen Lebens auch als Vorbilder dienen? Geht es um das Lernen von Männlichkeit oder Mannsein? Oder ist das das Gleiche? Muss das explizit beigebracht werden, von einem real Anwesenden, mit Zeigfinger und Flipchart? Dinge wie Sachen reparieren, fischen, Feuer machen vielleicht schon. Aber breit sitzen, viel masturbieren, stolz sein auf Fürze, ungesund essen? Auf Fussball stehen, von Brücken spucken, nicht zum Arzt gehen? Einen Dreier wollen, auf dem Klo lesen, sich dafür interessieren, wie Dinge funktionieren, den Fehler bei anderen suchen, den Pulli nicht ausziehen können, ohne dass das T-Shirt darunter hochrutscht?

Beim Nachdenken darüber, was diesen Jungs entgehen könnte, fiel mir auf, wie klischiert diese Beispiele sind. Ich beschloss, mal einen Tag lang zu beobachten, wie viel von meinem Verhalten tatsächlich klischeehaft weiblich ist.

Am Morgen schminkte ich mich. Überlegte länger, was ich anziehen sollte. Beschloss, die unbequemeren Schuhe mit den Absätzen zu tragen, weil der Pulli etwas aufträgt und verkürzt. Trank einen Milchkaffee. Nahm darauf einen Kaugummi wegen des schlechten Kaffeeatems. Versuchte, den Kaugummi in einen Kübel zu spucken. Traf nicht. Jemand erzählte mir, dass die neue Staffel *Desperate Housewives* losgeht, ich klatschte in die Hände, obwohl mir die Sendung nicht so gefällt. Konnte etwas nicht fangen, was mir zugeworfen wurde. Ich puderte zwischendurch nach. Pflichtete einem Argument bei, ohne zu überlegen, was ich wirklich davon halte. Setzte mich im Auto automatisch auf den Beifahrersitz. Am Abend Essen mit Freundinnen: Ich bestellte SchniPo, allerdings nicht ohne am Mittag extra nur etwas Leichtes gegessen zu haben. Ich beteiligte mich an einem Gespräch über Handcremes.

Aber ich trank Bier, nicht Cüpli. Hurra, hurra.

Das Geheule von Vätern über die Sexlosigkeit nach der Geburt eines Kindes ist ja mittlerweile so sehr zum Allgemeinplatz geworden, dass anscheinend überhaupt kein Versuch mehr gemacht wird zu ergründen, warum das so ist und was man dagegen tun könnte. Immer mal wieder, so scheint das übliche Prozedere zu verlaufen, wird das Bedürfnis präsentiert – verbal oder in Form von Genitalien –, von der Frau abgewiesen, und dann geht der Mann wieder heulen. Aber es gibt Erklärungen! Und somit auch Lösungen!

Warum Mutter keinen Sex will 1: Eine These. Die körperliche Beziehung einer Mutter zu ihrem Kind *(von der auch im Text auf Seite 170 die Rede ist)* ist einer der Hauptgründe, warum es Frauen gibt, die nach der Geburt nicht mehr gleich viel sexuelles

Verlangen haben wie vorher. Weil ihr Bedürfnis nach körperlicher Nähe schon befriedigt ist! Vom Kind! Klingt pervers, ist aber so. Sex ist ja bekanntlich nicht nur das olle Reinraus, sondern auch Schmusen und Küssen und Streicheln und Rumalbern – und weil das olle Reinraus ja bekanntlich oft mit Schmusen und Küssen und Streicheln und Rumalbern anfängt, ist es natürlich fatal, wenn die Frau genau davon schon mehr als genug hatte den ganzen Tag durch.

— Was Vater tun kann: Mutter weniger Zeit mit dem Kind verbringen lassen, ihr mehr abnehmen.

Warum Mutter keinen Sex will 2: Sie ist erschöpft, weil das alles sehr anstrengend ist. Arbeit und Kind und Haushalt und glücklich werden und so.

— Was Vater tun kann: Mutter mehr abnehmen, versuchen, sie glücklich zu machen.

Warum Mutter keinen Sex will 3: Sie hat keine Lust auf Sex, weil sie die zwei Stunden des Tages, die ihr am Schluss bleiben, wenn das Kind schläft und alles erledigt ist, *einfach nur in Ruhe gelassen werden will*. Nicht schon wieder jemand, der an ihr herumzerrt. Nicht schon wieder ein Bedürfnis, das sie befriedigen muss. Einfach mal Nägel lackieren. Etwas lesen, zum Spass. Einfach so. In Ruhe gelassen werden.

— Was Vater tun kann: Mutter in Ruhe lassen.

Warum Mutter keinen Sex will 4: Weil sie seit der Geburt unglücklich ist mit dem Aussehen ihrer Vulva.

— Was Vater tun kann: Mitfühlend zuhören. Nicht mit «du spinnst, da ist alles tipptopp» abwatschen. Therapie vorschlagen. Tantrische Yoni-Massagen organisieren. Sich über Operationen informieren.

Warum Mutter keinen Sex will 5: Sie ist wütend auf Vater, weil dessen Leben sich kaum verändert hat und er doch so tut, als wär er der Überpapi, bloss weil er weiss, was eine Windel ist, und auch mal mit dem Kind spielt.
— Was Vater tun kann: Höllisch aufpassen, die ist bald weg.

Warum Mutter keinen Sex will 6: Sie fühlt sich einfach nicht mehr so zu Vater hingezogen, was aber nichts mit dem Kind zu tun hat, sondern mit der Halbwertszeit von Beziehungen, die unglücklicherweise zusammenfällt mit dem Zeitpunkt, wo die meisten Paare ihr erstes Kind machen.
— Was Vater tun kann: Sich ganz viel Mühe geben.

Warum Mutter keinen Sex will 7: Weil sich seit der Geburt ihre vaginale Empfindungsfähigkeit verändert hat.
— Was Vater tun kann: Hilfe recherchieren (*Vagina* von Naomi Wolf? Tantrakurs bei Janine Hug? *Siehe Gespräch Seite 144).*

Warum Mutter keinen Sex will 8: Sie findet Vater nicht mehr attraktiv, weil der nur noch Vater ist und nicht mehr Mann.
— Was Vater tun kann: Das Kind zu den Grosseltern bringen, sich endlich mal wieder etwas Aufreizendes anziehen und Mutter mit einem gekonnten Ölwechsel bei Kerzenlicht oder sonst was Klischiertem überraschen.

Warum Mutter keinen Sex will 9: Weil Sex für sie ein Mittel zum Zweck ist, und der Zweck ist ja jetzt auf der Welt.
— Was Vater tun kann: Mutter Spass an Sex beibringen. Wenn nötig: Mutter verlassen.

Warum Mutter keinen Sex will 10: Einfach so.
— Was Vater tun kann: Akzeptieren. Selber machen.

Fortsetzung von Seite 75

Von: Michèle Roten
An: Nils Pickert
Betreff: Wie Vater sein

Zwei konkrete Situationen der Kindererziehung: Deine
Tochter will (irgendwann, in ferner Zukunft) *Germany's
Next Topmodel* oder etwas Ähnliches kucken. Darf sie?
Wenn nicht, mit welcher Begründung? Dein Sohn hört
(irgendwann, in ferner Zukunft) übel sexistischen Gangsta-
Rap. Was erklärst du ihm dazu? Und: Was hältst du eigentlich von der momentan oft herumgereichten These, heute
würden in der Schule vor allem «weibliche Eigenschaften»
geschätzt und gefördert (und damit ist meist brav sein,
aufpassen, soziales Miteinander gemeint) – und «jungen-
haftes Verhalten» wie raufen, kompetitiv sein wird
bestraft bis unterdrückt (notfalls mit Medikamenten)?

Von: Nils Pickert
An: Michèle Roten
Betreff: Wie Vater sein

Erst mal: Bislang gucken meine Kinder gar kein Fernsehen.
Am Wochenende schauen sie gemeinsam einen Film. Keine
Werbung, kein Heckmeck, kein SplashBummAhhh!

@ GNTM – ich bin nicht sicher, aber ich denke, wenn
diese Dinge immer schon Teil des alltäglichen Austauschs
und der Gespräche sind, rutschen die Kinder da nicht so
leicht rein. Klar würde ich ihr sagen, dass ich die Sendung
scheisse finde, aber irgendwann ist das echt ihr Ding. Die
Frage wäre: Warum sollte sie das gucken wollen?

90

@sexistischer Gangsta-Rap – gleiche Sache: Kann passieren!
Allerdings ist seine Mutter Gleichstellungsbeauftragte.
Meinst du ernsthaft, er zieht sich irgendwann so einen
Mist rein? Man schlägt doch auch nicht auf Schwule
ein, wenn das eigene Leben immer von ihnen bereichert
wurde und man Freunde und Verwandte hat, die schwul
sind. Was Sexismus ist, muss ich ihm nicht anhand von
miesem Rap erklären. Über so etwas reden wir dauernd.
Über Gerechtigkeit, Raumschiffe, den Mauerfall, Leben
und Sterben, über Fürze, *Harry Potter* und was es sonst
noch so gibt. Insofern bin ich da ganz zuversichtlich.

@weibliche Eigenschaften – das ist so eine der miesesten
Backlash-Sachen, die es gibt. Ja, es stimmt, sozial verträg-
liches Verhalten wird geschätzt und gefördert, und
ja, es stimmt, dass unsere Gesellschaft dieses Verhalten
Mädchen schon sehr früh ansozialisiert. Aber es ist
nicht per se weiblich. Es ist einfach nur eine Art Verhalten.
Und tatsächlich tappen wir in diese Ritalinfalle, aber
das ist kein Jungenproblem, sondern ein gesellschaftliches,
weil wir die Kindheiten unseres Nachwuchses weg-
organisieren und begradigen. Versuch mal Sechsjährige
zu finden, die wissen, wie man ein Taschenmesser oder
ein Streichholz benutzt. Doppelt krank wird es mit der
nachträglichen Geschlechtszuschreibung. Jungs sind
intelligent, Mädchen fleissig. Oder was war noch mal das
Gegenstück zum stolzen Vater?

Ganz besonders nett finde ich dann, Frauen vorzuwerfen,
sie würden in Kitas und Grundschulen Kinder verweichli-
chen. Ja toooll! Also noch die anranzen, die freiwillig
einen mies bezahlten Job mit Kindern machen. Die Kita-
gruppenleiterin meines Sohnes verdient kaum 800 Euro

(1000 Franken). Stattdessen bekomme ich Kindergeld.
Was für ein Schwachsinn.

Von: Michèle Roten
An: Nils Pickert
Betreff: Wie Vater sein

Kleiner Nachtrag @ GNTM: Sie wird es vielleicht schauen
wollen, weil ihre Freundinnen das kucken und sie mitreden
will ...? Der olle Gruppendruck ...

Von: Nils Pickert
An: Michèle Roten
Betreff: Wie Vater sein

Haste recht. Aber nur als Beispiel, damit du nicht denkst,
naja, das sind so nette Pläne für die Zukunft: Ich bin
Atheist – meine Tochter ist nicht getauft, wollte aber im
Kirchenchor singen und hat sich selbst entschieden,
in den Religionsunterricht zu gehen, weil ihre Freunde
da auch sind. Darf sie alles. Wenn sie religionsmündig ist
(mit 14), kann sie gerne Jainistin werden oder sonst was.
Da muss ich durch – immer wieder durch die Tatsache,
dass der Zweck jeder Erziehung sein sollte, die Kinder in
die Selbstbestimmtheit zu entlassen. Wahrscheinlich
heule ich Rotz und Wasser, wenn es so weit ist. Ich bin eine
furchtbare Glucke :-) Ich hab eine indischstämmige
Freundin, die zuerst nicht wusste, wie sie mich einordnen
soll. Irgendwann hat sie einfach mich als die Mutti
akzeptiert und meine Frau als Familiencheffe. Dann war
alles klar – und ziemlich lustig.

Fortsetzung auf Seite 132

Mütter mit Kindern im Vorschulalter wenden rund 56 Stunden pro Woche für Hausarbeit auf. Väter im Schnitt 29 Stunden. Von diesen Müttern mit Partnern sind rund 75 Prozent erwerbstätig.

Stella, 35, eine Tochter, 2 Monate
Eintritt der Patientin in der 40+5 ssw. VU MM gut fingerdurchgängig, Portio wulstig. CTG mit BL 13 undulatorisch, Akzelerationen sporadisch, keine Dezelerationen. Spontangeburt aus li vo HHL. Blasensprung: spontan um 13 Uhr, Fruchtwasser: klar, Wehenbeginn um 17 Uhr. Dauer EP: 13, Dauer AP 2 h. Plazenta und Eihäute: vollständig und spontan. Geburtsverletzungen: Vaginalriss, Damm intakt. Anästhesie: PDA.

«Die Geburt in einem Adjektiv?»
«Gut.»
«Wie ist es losgegangen?»
«Fünf Tage nach Termin ist um 13 Uhr meine Fruchtblase geplatzt. Dann hab ich im Spital angerufen, und die meinten, ich solle um 16 Uhr kommen.»
«War das wie in den Filmen, platsch, spritz?»
«Nein, ich sass vor dem Computer und machte das Allerletzte, was ich vor der Geburt noch erledigen wollte, und dann spürte ich, wie es in mir drin platzte. So: plup. Dann bin ich aufs Klo, und es lief raus.»

«War das viel Flüssigkeit?»

«Nicht besonders.»

«Was hast du dann gemacht?»

«Meinen Mann angerufen und meine Eltern. Und er seine. Und das war ein Fehler: Unsere Mütter haben uns nämlich sozusagen rausgeschissen. Zehn Minuten, Viertelstunde ging das bei denen. Noch die *Tagesschau* fertig kucken, dann ins Spital, und das Baby ist da. Und alle kamen total ins Hypern, weil sie dann nichts gehört haben bis am nächsten Tag um zehn Uhr.»

«Wann kamen die Wehen?»

«Um fünf. Die wurden immer stärker, und um 22 Uhr hab ich eine PDA verlangt. Die hab ich aber erst um 1.30 Uhr gekriegt. Das finden alle uh lang, aber ich hab das gar nicht so empfunden. Ich weiss auch nicht mehr, was ich in der Zeit gemacht habe. Vielleicht hab ich geschlafen. Keine Ahnung. Sie haben mir nämlich zuerst noch Globuli und so gegeben für die Schmerzen, und vielleicht haben die ja tatsächlich geholfen. Als die PDA nämlich gemacht wurde, hatte ich gar keine Schmerzen mehr. Aber ich wollte es nicht drauf ankommen lassen.»

«Wie haben sich die Wehen angefühlt?»

«Es klingt wirklich saublöd, aber ich kann es nur so beschreiben: eine Mischung aus Mensschmerzen und Schmerzen beim Geschlechtsverkehr mit einem sehr, sehr grossen Penis und dem Schmerz beim Einsetzen der Spirale. Es ging also eigentlich, aber ich fand es unerträglich, weil ich nicht wusste, wie lange das noch dauert und bis wo die Steigerung geht.»

«Was hast du gemacht während der Wehen, also vor der PDA? Lagst du auf dem Bett?»

«Ich bin im Zimmer rumgelaufen und habe Karten gespielt mit meinem Mann. Ich war extrem gut drauf. Und am

Anfang dachte ich auch noch: Hey easy! Tut ja gar nicht weh! Aber eben, es wurde dann immer schmerzhafter.»

«Hast du rumgeschrien und deinen Mann beschimpft?»

«Nein, ich habe am nächsten Tag die anderen Frauen gehört, und genauso hat es bei mir wohl auch geklungen: wie beim Sex. Und es hat sich ja auch angefühlt wie beim Sex, einfach sehr schmerzhafter Sex. Ich fand irgendwann auch keine Position mehr, die okay war, irgendwann kniete ich auf allen vieren auf dem Bett und krabbelte bei jeder Wehe ein bisschen höher hinauf. Als ich merkte, dass die Länge des Betts nicht ausreicht, verlangte ich dann eine PDA. Ich kriegte auch Angst vor den Schmerzen. Und wollte weinen, konnte aber irgendwie nicht. Auch während der Presswehen ging es nicht, dabei hatte ich irgendwie das Gefühl, es würde mir helfen, ich drückte und probierte, aber da kam keine einzige Träne.»

«Hat das Stechen der PDA wehgetan?»

«Nein, überhaupt nicht. Es war eh recht lustig, der Anästhesist und mein Mann haben sich voll über mich amüsiert, ich sass da wie ein Junkie und musste ja den Zettel unterschreiben, aber der lag auf der Matratze, und ich hab fünfzigmal probiert zu unterschreiben, aber es ging nicht, und irgendwann hab ich nur noch darauf herumgehackt, bis der Zettel kaputt war.»

«Und mit der PDA ging es dann noch mal etwa sechs Stunden.»

«Genau. Und das war gar nicht so toll. Ich hatte unglaublichen Durst und hab literweise Wasser getrunken, musste darum immer wieder katheterisiert werden, generell war ich so eine hilflose, gelähmte Marionette und musste ständig um irgendwas bitten: Zieht mich bitte etwas hoch, ich rutsche runter, kann ich bitte noch ein Kissen haben, könnt ihr bitte den

Wehenschreiber abmachen, der drückt, und so weiter. Das fand ich wahnsinnig nervig. Und irgendwie taten mir die Nieren weh, und generell lag ich einfach total unbequem, und das ist gar nicht so viel schlimmer, als Schmerzen zu haben.»

«Und dann kamen die Presswehen?»

«Genau, da standen dann plötzlich fünf Frauen um das Bett, irgendwann kam noch ein Mann herein, den sie aber wieder rausschickten, was ich super fand, und die spornten mich an, aber zum Teil widersprüchlich, die eine sagte: Schnuufe und die andere: Luft anhalten und pressen – das war etwas verwirrend. Mein Mann sagte auch, zwei von ihnen hätten sich noch in die Haare gekriegt, aber das hab ich nicht mitbekommen. Ich hab mich dann einfach auf meinen Mann konzentriert, der hat nämlich mitgepresst, die Oberärztin hat gesagt, das habe sie noch nie gesehen. Er war wirklich super. Ansonsten waren die Presswehen gar nicht schlimm, das hat nicht wehgetan, obwohl die PDA auf einem Minimum war. Irgendwie war es erlösend, dass jetzt etwas passierte. Und es fühlt sich genauso an, wie wenn man verstopft ist und wahnsinnig drückt. Ich hab irgendwann auch die Hebamme gefragt: Ist das normal, dass es sich anfühlt wie Stuhlgang? Und sie sagte: Jaja, ganz genau so muss es sein.»

«Hast du gekackt während dem Pressen?»

«Ja, und ich weiss das, weil die Oberärztin es mir unter die Nase gehalten hat und sagte: Sehen Sie, das hat Sie so geplagt! Und so hat sie es übrigens auch mit der Plazenta gemacht, sie fragte mich, ob ich sie sehen wolle, und ich: Nein, und schon war sie vor meinem Gesicht.»

«Und dann kam deine Tochter auf die Welt.»

«Ja, also, jein: Womit ich nicht gerechnet habe, war, dass sie ständig wieder reinrutscht! Sie war bestimmt zwanzigmal halb draussen und ist dann wieder verschwunden. Und die

Hebamme rief ständig: Sie kommt! Sie kommt! Jetzt kommt sie! Und dann, schlupp, war sie wieder weg. Und irgendwann hat die Ärztin gesagt: Jetzt muss sie kommen, sonst holen wir sie und das war auch der Zeitpunkt, wo ich echt nicht mehr konnte, und dann hab ich zu ihr gesagt So, jetzt kommst du!, wie zu einem unartigen Hund, und dann war sie da. Und mein Mann hat sich total erschrocken, weil sie so dunkelrotbläulich war.»

«Was aber normal ist?»

«Genau. Sie war aber vielleicht noch etwas blauer als normal, sie schrie auch nicht sofort, und dann waren ihre Sauerstoffwerte schlecht, das wurde mir gesagt, aber dann konnten sie drei Stunden lang keine weiteren Untersuchungen machen. Die ersten drei Stunden ihres Lebens wusste ich also nicht, ob meine Tochter gesund ist oder nicht. Das fand ich etwas ... unsensibel.»

«Aber dann kam die Entwarnung.»

«Ja.»

«Wie war der restliche Spitalaufenthalt?»

«Gut. Was lustig war: In dem anthroposophischen Spital werden die Babys nicht gewaschen, und nach drei, vier Tagen stank sie abartig. Ich dachte noch: Und dabei sagen doch alle immer, Babys riechen so gut!»

«Wie ist der Sex nach einer Geburt?»

«Wir haben es erst zweimal so halb versucht, die Narbe von dem einen Riss tut noch weh. Aber sonst ist alles wieder recht normal.»

«Siehts auch wieder normal aus?»

«Ich hab mal versucht zu schauen, aber die Taschenlampe in meinem Handy funktionierte nicht. Ist mir eigentlich auch recht egal.»

— *Die nächste Wahrheit über die Geburt finden Sie auf Seite 162.*

Sheryl Sandberg hat ein Buch darüber geschrieben, wie es Frauen in Führungspositionen schaffen können. Dieser Satz nun löst bei mir zwei komplett gegensätzliche Reaktionen aus. Einerseits: Super, weil: Wer, wenn nicht sie? Und: Na super, ausgerechnet sie. Hier sind die Informationen, die Sie brauchen, damit Sie meine Hin-und-her-Gerissenheit nachvollziehen können: Sheryl Sandberg, 44, ist die COO von Facebook, davor Google. Sie ist unermesslich reich. Sie ist verheiratet mit einem ebenfalls sehr, sehr reichen Mann. Sie hat zwei Kinder, einen achtjährigen Sohn und eine sechsjährige Tochter. Sie ist weiss. Sie kommt aus einer privilegierten Familie. Sie war in der Schule immer Klassenbeste und beim Studium in Harvard ebenfalls. Es gab ein Spiel, das sie mit ihren jüngeren Geschwistern spielte, als sie noch ein Kind war: Sie liefen ihr nach und riefen «Richtig!», wann immer sie etwas sagte. Sandberg also ist einerseits die Sorte Frau, bei der es überhaupt nicht überrascht, dass sie es an die Spitze geschafft hat, und andererseits natürlich genau die, welche die Situation beurteilen darf und soll.

Das Buch nun, so viel ist schon klar, ist kein Manifest gegen ein diskriminierendes System oder patriarchale Strukturen, sondern ein Aufruf an Frauen, ambitionierter zu sein im Arbeitsleben. Eine Art Abstract des Inhalts dürfte ihr berühmter TED-Talk von 2010 sein. Darin gibt Sandberg drei Ratschläge für Frauen im Arbeitsleben. (Übrigens ist im Englischen da ja immer die Rede von der «Workforce». Das klingt irgendwie martialisch. Humpta, humpta, ich bin eine Soldatin in der Workforce, tätärätää.) Nummer eins: «Sitze am Tisch.» Stell dein Licht nicht unter den Scheffel. Fordere ein, was dir zusteht. Steh zu deinem Erfolg, auch wenn er dich unbeliebt macht (denn das tut er). Zwei: «Mach deinen Partner zu einem wahren Partner.» Mütter, macht nicht weiterhin

das Doppelte an Hausarbeit wie die Väter und gar das Drei-
fache bei allem, was mit dem Kind zu tun hat. Drei: «Geh erst,
wenn du gehst.» Frauen tendieren anscheinend dazu, sich im
Job schon auszuklinken, wenn sie auch nur darüber nachdenken, eventuell mal Mutter zu werden. Und das ist viel zu
früh. Weil all die Beförderungen, die einem dadurch entgehen,
den Job erst genug interessant gemacht hätten, um danach
mit Kind wieder richtig einsteigen zu wollen. Sprich: *Lean In,*
so auch der Titel des Buches. Fuss aufs Gaspedal.

Es wäre Sandberg natürlich noch zu wenig reingelehnt,
einfach nur ein Buch zu schreiben, sie will, dass das ganze
eine Bewegung wird. Darum starten mit dem Buch-Launch
auch «Lean In Circles», eine Art Selbsthilfegruppen, wo man
instruktive Videos von Sandberg schaut und Erfahrungen
teilt. (Sie finden abends statt. Was natürlich geht, wenn der
Partner ein wahrer Partner ist und man in der Küche am Tisch
sitzt und sich reinlehnt.)

Alles gut und schön. Aber ich habe ein paar kleine Bedenken, das grösste davon hat damit zu tun, dass dieses Buch all
jenen männlichen Chefs Futter geben könnte, die ihre Entscheidungen, einen Mann zu befördern, damit begründen,
dass die Frauen «einfach zu wenig scharf sind auf Karriere».
Und natürlich auch all den erfolgreichen Frauen, die den weniger erfolgreichen Frauen vorwerfen, sie hättens halt nicht
fest genug gewollt. Wobei ja die grössten Änderungen vielleicht doch in der Politik und in den Unternehmen passieren
sollten und nicht so sehr bei den einzelnen Frauen. Aber lesen wir doch erst mal das Buch. Und weil ich weiss, dass Sie
mit dem ganzen Reinlehnen und dem Doppelten und dem
Dreifachen zu Hause nicht dazu kommen, tu ichs für Sie.

Also, *Lean In,* Sandbergs Manifest dafür, dass mehr Frauen
Führungsposten übernehmen sollen. Da reiss ich natürlich

die Arme in die Luft und rufe: You go, woman! Die nächste wichtige Information ist dann allerdings, dass Sandberg sich in dem Buch darauf konzentriert, was die intrinsisch-weiblichen Faktoren sind, die Frauen von ihrem verdienten Erfolg abhalten. Und da sind meine Arme schon wieder auf Halbmast. Gerade eben hat eine Bekannte, die schon sehr lange bei der gleichen Firma arbeitet, eine Beförderung, die ihr schon seit sehr Langem versprochen war, nicht gekriegt, weil sie schwanger wurde. Sie hat davor 80 Prozent gearbeitet und will auch danach wieder 80 Prozent arbeiten, aber die Tatsache, dass sie dann eine Mutter ist, scheint alles zu verändern. Es ist ein Fall von vielen, neben dem Sandbergs Ansatz geradezu zynisch wirkt. Aber auch sie hat natürlich die Veränderung des ganzen Systems im Blick: Sandberg, in jeder Hinsicht an der Spitze unserer Gesellschaft, verlässt sich nämlich auf den sogenannten Trickle-down-Effekt, also die (wirtschaftstheoretische) Idee, dass sich eine Revolution auch von oben herab heilbringend auf den Rest der Bevölkerung auswirken kann. Mehr Frauen in Führungspositionen bedeutet eine Verbesserung der Situation *aller* Frauen, darum wird es in diesem Buch gehen, und das ist schon klar, als sie ganz am Anfang ein Beispiel aus ihrer eigenen Karriere bringt. Erst als sie schwangere und fast bewegungsunfähige Chefin bei Google war, kam sie nämlich auf die Idee, Parkplätze für Schwangere einrichten zu lassen, die so nahe wie möglich beim Eingang liegen. Voilà, eine Frau an der Spitze machte den Unterschied für alle unter und nach ihr. Aber Sandberg wäre nicht so sagenhaft erfolgreich, wenn sie nicht sagenhaft klug wäre, und so macht sie natürlich nicht den Fehler zu behaupten, eine Veränderung in der Einstellung der Frauen sei alles, was es brauche. Sie sagt, die Entscheidung, den Fehler im System zu suchen oder in den Frauen selber, sei die Frage nach dem

Huhn und dem Ei, und sie konzentriere sich jetzt einfach mal auf das Ei. Und es wird auch sehr schnell klar, dass Sandberg unglaublich bescheiden, humorvoll und sympathisch ist.

Im ersten Kapitel beschäftigt sie sich mit der «Ambition Gap», also der Frage, ob Frauen weniger ehrgeizig sind als Männer. Die Antwort lautet: Ja, aber nur aus dem Grund, weil beruflicher Ehrgeiz bei Frauen nicht gefördert wird, sondern eher lieb und nett zu sein und einen guten Mann zu finden. Eine ehrgeizige Frau ist in den Augen unserer Gesellschaft hart, kalt, und sie kann auf keinen Fall daneben noch eine glückliche Familie haben. Was sich ändern muss, ist also nicht zuletzt auch die mediale Darstellung der ambitionierten Frau.

Im zweiten Kapitel, «Sit at the Table», geht es vor allem um die Tendenz von Frauen, sich zu unterschätzen oder ihr Licht unter den Scheffel zu stellen – und hier hat sie mich richtig erwischt und damit Sie wahrscheinlich auch. Könnte es sein, dass Sie schon mal gedacht oder sogar ausgesprochen haben, dass es nur eine Frage der Zeit ist, bis herauskommt, dass Sie eigentlich gar nichts können, eigentlich völlig unverdient Ihren Posten innehaben? Ja? Sie sind nicht allein. Man nennt es das Impostor-Syndrom. Es hat einen Namen. Und es ist eine weit verbreitete Geisteskrankheit, allerdings nur unter Frauen. Allein schon diese Erkenntnis ist viel mehr wert als die 29.90, die das Buch gekostet hat.

Kapitel drei heisst «Erfolg und Beliebtheit». Und der Zusammenhang ist bei Männern ein positiver, bei Frauen ein negativer. Es ist ein Teufelskreis: Wenn eine Frau kompetent wirkt, dann scheint sie nicht nett genug. Ist sie nett, scheint sie nicht kompetent genug. Von Frauen erwartet man, dass sie sich um das Gemeinwohl sorgen, dass sie wollen, dass es allen gut geht, deshalb funktioniert auch das «Tit for Tat» bei ihnen nicht so gut: Wenn ein Mann jemandem hilft, ist es sehr wahrscheinlich, dass der Gefallen retourniert wird, bei einer Frau hingegen ist das Gefühl, in ihrer Schuld zu stehen, schwächer. Schliesslich *will* sie ja helfen, nicht wahr? Eine Frau also, die egoistisch handelt und argumentiert, wird bestraft, weil es nicht rollenkonformes Verhalten ist. Was natürlich gerade bei Lohnverhandlungen eine ganz vertrackte Situation ist. Die Lösung: Erstens «Think personally, act communally» – indem man zum Beispiel sagt: «Ich weiss, dass Frauen oft weniger verdienen, weil sie nicht verhandeln, und deshalb werde ich jetzt verhandeln.» Zweitens: Im Gegensatz zu Männern müssen Frauen einen Grund haben, warum sie mehr Lohn wollen, es hilft also schon zu sagen, ein Vorgesetzter habe sie auf die Idee gebracht. (Und ja, auch Sheryl Sandberg muss an dieser Stelle zugeben, dass es recht beschissen ist, dass der Rat an Frauen darin besteht, dass sie sich halt einfach völlig verblödeten Normen anpassen sollen, um weiterzukommen.)

Kapitel vier ruft Frauen dazu auf, mehr Risiken einzugehen. Auch mal den Job zu wechseln oder einen Posten anzunehmen, auch wenn man nicht 100-prozentig sicher ist, schon bereit dafür zu sein.

In Kapitel fünf geht es um den Mentoring-Wahn der USA, der bei uns ja noch nicht wirklich angezogen hat, ist also nur mässig interessant.

Kapitel sechs behandelt Ehrlichkeit und Authentizität, und Sandberg betet darin nicht nur das Speak-up-Mantra, sondern verteidigt auch Tränen und alle anderen ehrlichen Gefühlsregungen am Arbeitsplatz. Das ist ziemlich frisch. Im Kapitel «Don't Leave Before You Leave» adressiert sie das Problem, dass Frauen anscheinend in dem Moment, wo sie sich bewusst werden, dass sie eine Gebärmutter haben, ihre Karriere nicht mehr vorantreiben. Was blöd ist, weil sie dadurch nach der Geburt in einer beruflichen Situation stecken, die einfach nicht mehr aufregend genug ist, um die Mühe auf sich zu nehmen, sie mit dem Kind vereinbaren zu wollen.

Kapitel acht ist ein Aufruf an Frauen, sich einen Mann zu suchen, der aufgeschlossen genug ist, wirklich fifty-fifty zu machen – in der Kinderaufzucht, im Haushalt. Einen Mann, der auch bereit ist, mal ganz zurückzustecken, wenn es ihre Karriere verlangt. Und ein Aufruf, das «maternal gatekeeping» zu minimieren, den Mann machen zu lassen, ihn nicht zu korrigieren; selbst wenn er dem Baby die Windel verkehrt herum anzieht – Hauptsache, er machts. Und wenn er dazu noch selber auf die Idee gekommen ist, dann sollte die Frau sogar lächeln, wenn das Baby die Windel auf dem Kopf trägt. Alles andere führt dazu, dass der Mann der Frau einen Gefallen tut, wenn er sich beteiligt.

Das nächste Kapitel lässt sich am besten zusammenfassen mit dem Satz «Erledigt ist besser als perfekt.» Hört auf, euch zu hintersinnen, auch ein gekaufter Kuchen ist okay am Geburtstag, und vor allem: Den Kindern schadet Fremdbetreuung nicht (Dutzende Studien werden zitiert) – und kein Vater fühlt sich schuldig deswegen.

Der Rest des Buches ist amerikanisches Auf-in-den-Kampf-Geheul, das allerdings tatsächlich ein bisschen euphorisiert. *Lean In* ist ein gutes, ein wichtiges Buch. Die wissenschaftliche Evidenz ist fantastisch recherchiert, es ist persönlich und humorvoll geschrieben und argumentiert stringent, aber auch nachsichtig. Aber wenn man es fertig gelesen hat, fühlt man sich ziemlich schlecht, weil: Wie schafft es diese Frau bloss, Chefin eines Milliardenunternehmens zu sein, zwei Kinder zu haben und daneben mal eben noch so ein Buch zu schreiben? Und dann liest man die Danksagungen und merkt, dass etwa fünfzig Menschen aktiv mit ihr an diesem

Buch gearbeitet haben. Und man fügt gedanklich noch ein zwölftes Kapitel hinzu: «Frauen, holt euch jede Hilfe, die ihr kriegen könnt.»

In einem Interview sagte ich mal, dass ich momentan nicht 100 Prozent arbeiten wollen würde, weil ich auch Zeit mit meinem Sohn verbringen will. Als ich das Gespräch gegenlas, stand da plötzlich, dass ich nicht 100 Prozent arbeiten wolle wegen der «Betreuung» meines Sohnes. Ich liess es zurückändern in «Zeit verbringen» mit meinem Sohn.

In Schweden wird momentan diskutiert, ob es sinnvoll sein könnte, ein geschlechtsneutrales Pronomen einzuführen. Schweden ist ja wirklich crazy. Auf eine gute Art. Aber definitiv crazy. 2010 hat das WEF Schweden zum geschlechtergerechtesten Land der Welt erklärt, aber jetzt strebt man nach mehr, nämlich nach Geschlechtsneutralität.
　　Immer mehr Eltern geben ihren Kindern Unisex-Namen wie Friis oder Bälter, die Sozialdemokraten möchten gern geschlechtsneutrale Toiletten, damit sich keiner mehr gezwungen fühlt, sich geschlechtlich zu kategorisieren, ein Katalog hat Anzeigen geschaltet, worauf ein Kind im Ganzkörper-Spider-Man-Kostüm einen rosa Kinderwagen schiebt. Als ich die Anzeige zuerst gesehen habe, dachte ich intuitiv: Ui shit, ein kleines Mädchen in einer Kinderburka. Dann schaute ich genauer und dachte, ach, ein Mädchen im Spider-Man-

Kostüm, wie toll. Dann studierte ich den Körper des Kindes und kam auf die Idee, dass es eigentlich eher wie ein Junge gebaut ist, und dachte, ach, ein Junge, der einen rosa Kinderwagen schiebt, wie toll. Ich weiss jetzt nicht, ob meine Reaktion genau dem entspricht, was gewünscht wurde, oder ob sie eben gerade kreuzfalsch und reaktionär ist. Immerhin stellte ich (mit Freude) fest, dass da etwas gebrochen wurde. Aber hätte ich in einer idealen Welt gar nicht erst versucht, dem Kind ein Geschlecht zuzuordnen? Da wirds für mich irgendwie schwierig. Ich bin noch absolut und mit Fahnen und Pompons dabei auf dem Weg zum Lösen oder gern auch Löschen von Stereotypen, aber wenn es darum geht, so zu tun, als gebe es nicht zwei Geschlechter, sondern nur eins, da nehm ich, glaubs, eine Abzweigung. Oder bleibe einfach stehen. Bleibe ich stehen? Das klingt nicht gut.

Aber, ganz ehrlich, ich stelle mir einfach die Kommunikation schwierig vor, wenn so viel unklar bleibt. Ist es nicht so, wie wenn man sagen würde: Äpfel oder Birnen, das kommt doch nicht drauf an, beides wächst an einem Baum, nennen wir sie doch einfach Birpfel? Und dann gibts Birpfelkuchen, und manchmal lass ich ihn halt stehen, weil ich Birnenkuchen nicht mag. Wie wenn man sagen würde: Schuhe oder Socken, beides kommt an die Füsse, nennen wir sie doch Schucken und gehen halt auch mal in Socken wandern, weil wir die Unterscheidung eliminiert haben? Links und rechts, beides sind Seiten, neinneinnein, *renks,* ich hab doch *renks* gesagt!?

Auf Deutsch wärs ausserdem rein sprachlich schwierig, passende Pronomen zu finden. In Schweden gehts leicht: Aus «hon» (sie) und «han» (er) wird «hen» – man nimmt das, was gleich ist, und fügt etwas Neues dazu. Keine Tendenz, kurz, perfekt. Natürlich, wir haben «es», aber das ist schon besetzt, diese Art der Umgewöhnung ist noch schwieriger, als etwas

Neues zu lernen. Und, ganz ernsthaft: Ich fände es beleidigend, als «es» bezeichnet zu werden. Womit wir wieder beim Punkt wären: Ich bin weiblich. Tatsache. Ich bin weiblich, genauso wie ich zwei Hände habe. Der mit dem Penis ist männlich. Das sollte uns zu nichts zwingen und uns nichts verunmöglichen. Das war doch eigentlich das Ziel.

Schwangere Frauen haben keine Intimsphäre mehr. Also, so scheinen das die anderen zu sehen, nicht die Schwangeren. Die haben durchaus eine Intimsphäre und müssen 40 Wochen lang zusehen, wie andere Menschen in ihre Intimsphäre hineinkommen, sich etwas umsehen, dann die Hosen runterlassen und drauf scheissen. Es ist nicht anders zu erklären, warum so viele Menschen zum Beispiel auf die Idee kommen, es sei in Ordnung, einer Frau einfach so an den Babybauch zu fassen. Das ist ein Bauch! Das ist so ungefähr der intimste Körperteil eines Menschen nach primären und sekundären Geschlechtsteilen! Er ist nicht verknöchert, sondern weich und schutzlos und beherbergt ein paar der wichtigsten Organe! Müsste ich ein Schema zeichnen, wo man Menschen im zwanglosen Gespräch anfassen darf, wenn es denn sein muss, dann wären vielleicht die Arme und die Schultern grün, vielleicht noch die Knie (nur beim Sitzen, im Stehen wäre das seltsam), eventuell der obere Rücken, aber *hallo!! Man fasst doch niemandem an den Bauch!!* Kopf, Bauch, Po, Brüste, Oberschenkel und Vulva wären rot! Total rot! Warum sollte das denn plötzlich anders sein, wenn eine Frau schwanger ist? Und doch wird jede Schwangere irgendwann diese Erfahrung machen, dass ihr irgendwelche Menschen an den Bauch tatschen. Man könnte nun natürlich einfach sagen: «Bitte tu das nicht, das mag ich nicht.» Man könnte die Zähne zusammenbeissen und lächeln, aber das ist ja auch keine Lösung. Meine Erfahrung war es, dass man am besten einfach laut «Aua!» ruft.

Ein anderes Thema in Sachen Intimsphäre ist die Frage, ob die Schwangerschaft ein Unfall war oder nicht. Klingt verrückt, ich weiss, aber das wird man tatsächlich gefragt. Keine Ahnung, warum jemand denken könnte, es gehe ihn oder sie irgendetwas an, wie die Situation der Empfängnis genau aussah, und ausserdem empfinde ich die Frage als Beleidigung. Hältst du mich für zu blöd zum Verhüten oder was? Ich habe mir ein paar lustige Antworten zurechtgelegt («Ja, ein Unfall, und dann hatte ich kein Geld für eine Abtreibung, weil ich cracksüchtig bin» oder «Ja, ich bin gestolpert und in eine Pfütze Sperma gefallen» oder «Ja, wir wollten Coitus interruptus machen, und als wir so dran waren, er plötzlich pfff und Riesensauerei, und ein bisschen davon muss wohl in mich reingespritzt sein und tja, jetzt ...» oder «Ja, für ihn schon, für mich nicht»), sagte dann aber meist doch einfach «Äh, nein?» und schaute indigniert.

Auch eher schwierig sind Kommentare zum Aussehen der Schwangeren. Besonders von Männern. Sie kommen eigentlich ausschliesslich von Männern. Ich erinnere mich mit Schaudern an den Mann, der irgendwann im fünften Monat oder so zu mir sagte: «Ja, jetzt sieht mans langsam!» und dabei die Backen aufblies. Oder all die Männer, die mir Komplimente machten, dass ich «total schön, richtig weiblich» aussehe, was im unschwangeren Zustand offenbar nicht der Fall ist. Oh, oder: «Meinst du, du kannst stillen mit deinen kleinen Brüsten?» Nein, kein Witz, leider. Mein Bauch war auch recht klein, deshalb kriegte ich nie Bemerkungen im Stil von «Bist du sicher, dass da nur eins drin ist?» oder «Was, erst im sechsten Monat???», was ich mir aber ganz super vorstelle. Es gibt eigentlich nur einen einzigen Kommentar, den Männer machen dürfen, und der geht so (die Geschichte ist von einer Freundin, mir passiert nie so etwas Tolles): Sie besteigt hochschwanger den Lift, darin ist ein sehr gut aussehender Mann. Als er aussteigt, sagt er: «Ich bin sicher, Sie werden ein wunderschönes Baby kriegen.»

Während der Geburt geht die Intimsphäre natürlich komplett flöten (immerhin erbricht und/oder defäkiert man unter Umständen vor anderen Menschen, die einem ausserdem ungefragt immer wieder ihre Hand und andere Dinge in die Vagina stecken), aber es wird auch danach nicht wirklich besser. Doch, es wird besser, weil es einem irgendwie plötzlich egal ist. Das Baby ist da, die Intimsphäre weg. Die Hebamme kommt alle zwei Tage und drückt einem an den Brüsten herum, und es ist nicht mal seltsam. Ich war in den ersten paar Wochen so mit dem Unterhalt meiner Brüste beschäftigt, sie wurden zu so etwas Sachlichem, Un-Intimem, dass ich mal dem Pöstler die Tür aufmachte, nur mit Quark bedeckt. (Zum Kühlen. Nicht für kalorienreduzierte Sexspiele.) Als ich es merkte, war es mir nicht mal richtig peinlich. Und man stillt öffentlich – im Nachhinein ist die Vorstellung, einfach so im Café das T-Shirt zu lupfen und die Brüste auszupacken, absolut albtraumhaft. Aber während der Stillz – wump! Da sind sie schon. Easy.

Eine Zeit lang wurde Weihnachten, je älter ich wurde, desto unwichtiger, und jetzt wird es wieder wichtiger, woraus ich schliesse, dass ich wieder jünger werde. Jedenfalls gefällt mir

das alles wieder recht gut und löst ... so ... Gefühle in mir aus.
Gemütliche Gefühle. Festliche Gefühle. Während Weihnachten im Jahreskalender der verlängerten Adoleszenz immer
so etwas wie ein unverrückbares Hindernis auf dem Weg war,
wo drum herumgesteuert werden musste, empfinde ich Weihnachten jetzt mehr als eigentliches Ziel. Also nicht im Sinne
von «das Ziel von allem», mehr im Sinne von «Ich steuere jetzt
darauf zu». Es hat wohl mit meinem Sohn zu tun. Ich möchte, dass diese Zeit für ihn eine Magie hat, genauso wie sie es
für mich hatte, als ich ein Kind war. (Apropos unverrückbar:
Ist es nicht seltsam, dass Wohnungen und Häuser unter dem
Begriff der «Immobilien» zusammengefasst werden? Immobilie heisst ja einfach «nicht bewegbar». Ist das wirklich die
nennenswerteste Eigenschaft eines Gebäudes, dass es nicht
bewegbar ist? Ich finde dieses Attribut in Bezug auf ein Haus
in etwa so wichtig wie die Feststellung, dass es nicht essbar
ist. Ausserdem impliziert der Begriff ja, dass alle anderen Sachen Mobilien sind, aber dieser Begriff ist nun wirklich komplett unnütz: «Komm, wir schenken Claudia zu Weihnachten
eine Mobilie.» – «Au ja, gute Idee!» – «Ich dachte an eine
blaue, was meinst du?» – «Sehr gut, sehr praktisch.»)

Eben, Weihnachten. Find ich gut. Aber man vergisst
manchmal, dass Weihnachten nicht einfach so *ist*. Weihnachten, oder was wir darunter verstehen, wird gemacht, und das
ist ein unglaublicher Aufwand. Ganz zu schweigen natürlich von den Lichterdekorationen in den Strassen und Geschäf-
ten und der Xmas-Jazz-CD bei Starbucks, die ganze Festlich-
keit ist auch in den eigenen vier Wänden das Ergebnis einer
riesigen Leistung. Wer ist bei Ihnen eigentlich Chef Weihnachten? Es sind ja meist die Männer. Ich habe keine Ahnung, wie
die es schaffen, neben der Karriere und der Kindererziehung
und dem Haushalt auch noch personalisierte Adventskalender

109

für alle Göttikinder (meist auch die der Frau!!) zu basteln. Und dann die Wohnungsdekoration! Jedes Jahr ein neuer, selbst besteckter Adventskranz. Die schönen Fenster. Die Grittibänz-Backaktionen mit den Kindern und den Freunden von den Kindern, die Küchen-Putzaktionen danach! Die Weihnachtsguetzli! Verschiedene Sorten, alle Teige selbst gemacht! Die Geschenke, meine Güte, all die Geschenke. Frauen wären ja komplett aufgeschmissen. Was schenkt man der Tante? Dem Grossvater? Der Nichte? Männer erinnern sich nicht nur absolut verlässlich daran, was man letztes Jahr geschenkt und gekriegt hat (nicht, dass es da zu einem Fauxpas kommt, wie peinlich), sie haben auch immer eine liebevolle Idee. Und besorgen die Sachen meist auch gleich selber. Und packen sie selber ein (es ist ja wirklich was anderes als die vom Laden eingepackten), haben schon vorher ganz viele wunderschöne Accessoires besorgt, denn ein Päckchen ist ja viel mehr als bloss Papier und Schleife. Gut, den Baum besorgt meist die Frau. Aber schon beim Dekorieren ist wieder der Mann parat. Und dann das Weihnachtsessen selber, die Planung, das Eindecken, das Kochen – das alles ist so unfassbar viel Arbeit. Beziehungsweise: Zeit. Die eigentliche Immobilie.

Beim Treppenaufgang eines Restaurants in Brienz hat es ein Schild mit der Aufschrift: «Eingang für Rollstühle und Mütter mit Kinderwagen um die Ecke».

Ich habe in einem Brockenhaus eine Kassette gefunden, die angeschrieben ist mit «Geburt Yves». Eine Tonaufnahme ist ja eigentlich die einzig mögliche Dokumentation einer Geburt, denn Bilder oder gar Videos will ja wirklich niemand sehen. Aber die letzten Wortwechsel als Kinderlose, die Ermutigungen der Hebamme, der erste Schrei? Wunderschön. Ich kann nicht glauben, dass diese Kassette absichtlich im Brocki gelandet ist, das ist etwas für die Ewigkeit im Familienschatz. Hier die Transkription der letzten Minuten. Liebe Eltern von Yves, bitte melden Sie sich, und sagen Sie mir das Geburtsdatum, das auch auf der Kassette steht, damit ich Ihnen diese unbezahlbare Aufnahme zurückgeben kann.

Atemgeräusche wie von Darth Vader, die Frau trägt wohl eine Lachgasmaske. Mann: «Schnuuufe, schnuuufe, schnuuufe, schnuuufe. Nöd ufhöre schnuuufe. Jawoll, jetzt isch guet. Tipptopp. Tiiiiiipptopp. Guet. Entspanne. Total entspanne. Guet! Tipptopp. Tipptopp.» Die Frau wimmert. (...)
Mann: «(Unverständlich) Oberschänkel, Oberschänkel.» Die Frau wimmert, dann Darth-Vader-Geräusche. Mann: «Ou, es tuet.» Hebamme: «Jetzt wüssed Si was, etz tüemmer die Maske mal ufd Siite und dänn mal richtig iiiiischnuufe und dänn feeesch uneabetrucke. Ja, nochli, nochli...» Die Frau macht Pressgeräusche. Hebamme: «Eifach nur so lang, wie d Wehe isch. Isch verbii? (Unverständlich) Ja ... d Haar gseht mer ... es isch würkli nume no ä Frag vo ... vom Usechoo!» (...)
Darth-Vader-Geräusche werden immer schneller. Wimmern. Man hört den Herzschlag des Kindes vom Wehenschreiber. Seufzen. Hebamme: «Ganz fescht mit aller Chraft. Fescht, fescht!» Frau macht Pressgeräusche. (...)
Hebamme: «Isch gliich scho zwänzg vor foifi.» Darth-Vader-Geräusche. Hebamme: «Fescht, fescht, fescht, nochli,

nochli, nochlinochlifeschtfeschtfescht!» Mann: «Aha, aha, jetzt, da aha ...!» Hebamme: «Etz isch guet, ja, fescht, nomal tüüf iischnuufe, jetzt, ja, jetzt isch ... Uuuh, jetzt isch guet, jawoll, eeeeetz chunnts ... eeeeetz isch das Chindli ...» Frau heult kurz auf. Mann: «Dä Chopf gseht mer, du!» Hebamme: «Fescht fescht fescht!» Mann: «Etz chunnt dä Chopf!» Frau: Pressgeräusche, Schluchzen. Hebamme: «Fescht fescht fescht etz isch guet uusschnuufe tüend Si gad nomal nomal fescht fescht guet nächscht Mal chunnts!» Frau: «Hui!» Hebamme: «Das mached Si dänn guet!» Eine Tür geht auf, eine Frauen-stimme mit Flur-Echo ruft: Ho-oi! Die Hebamme ruft auch «Hoi!», sie sprechen kurz und kichern. (...)

Hebamme: «Feschtfeschtfeeeeeescht ganz guet uuuuh etz isch guet fescht! *Fescht!*» (...)

Die Hebamme sagt etwas, alle lachen, auch die Frau. Es ist ein Lachen, das genauso gut mit einem Cüpli in der Hand am Tresen einer Jazzbar erklingen könnte. (...)

Hebamme: «Fescht fescht fescht fescht nomal iischnuu-fe fescht fescht, fascht, fescht!» Frau: (stöhnt wütend) «I ma nümm!» Hebamme: «Etz chunnts gad nächscht Mal!» (...)

Hebamme: «Fescht fescht fescht etz chunnts gad!» Mann: «Äs chunnt!!!» Hebamme: «Und etz nomal fescht iiiiischnuu-fe! Feschtfeschtfeschtfeschtfeschtfescht.» Mann: «Nomal.»

Babyweinen.

Frau sagt mit Darth-Vader-Stimme: «Ich. Bin. Deine. Mutter.»

Sagte sie natürlich nicht. Ich will bloss meine Rührung überspielen.

Die Geburt meines Sohnes war so. Einen Tag vor dem errechneten Termin fuhr ich mit dem Töffli in die Klinik zum Ultraschall. Eine Ärztin untersuchte mich mit viel Schweigen und Stirnrunzeln, murmelte dann etwas von wegen das Gerät sei zu alt, wir müssten ins andere Untersuchungszimmer wechseln, wo es ein besseres habe, untersuchte wieder und runzelte die Stirn. Dann fragte sie mich, was man mir über das Geschlecht des Kindes gesagt habe, ich meinte, es werde ein Junge, worauf sie den Kopf schüttelte und mit ukrainischem Akzent sagte, also sie sehe da keine Schnäbeli. Woraufhin ich mir Gedanken über Mädchennamen machte und Sorgen über sehr kleine männliche Geschlechtsteile. Irgendwann rief sie die Chefärztin, sie schauten murmelnd und stirnrunzelnd die Ultraschallbilder an und eröffneten mir dann, dass sozusagen kein Fruchtwasser mehr da sei. Und der Kleine abgenommen habe. Man werde die Geburt einleiten müssen. Ich solle nach Hause fahren, packen und um 21 Uhr einchecken.

Das war eine etwas seltsame Situation, aber auch okay. Das Unplanbare wurde etwas planbarer. Ich rief meine Eltern an und sagte ihnen, dass sie irgendwann im Verlauf der Nacht oder des nächsten Tages oder der übernächsten Nacht oder Gott behüte noch später, aber jedenfalls irgendwann bald Grosseltern werden würden. Mein Mann und ich assen Spaghetti auf dem Balkon, räumten auf und wuschen ab, und dann fuhren wir in die Klinik, um Eltern zu werden.

Die Hebamme, die die Eintrittsuntersuchung vornahm, war ziemlich unfreundlich und drängte uns, den Namen des Kindes jetzt schon einzutragen, was wir nicht wollten, meinte ausserdem, eine Wassergeburt komme nicht infrage, weil kein HIV-Test gemacht worden sei, obwohl ich mir sehr sicher war, dass er gemacht worden ist, und ich ja schon Wochen vorher angemeldet hatte, dass ich eine Wassergeburt in Erwägung ziehe, sie setzte mir einen Zugang am Handgelenk, weil «das zum normalen Prozedere gehört», jedenfalls war das alles recht unerquicklich, ich kriegte das Einleitungszäpfli, und von diesem Zeitpunkt an habe ich nur noch sehr punktuelle Erinnerungen.

Wir gingen schlafen. Etwa zwei Stunden später wachte ich auf und hatte erste Wehen. Sie fühlten sich exakt an wie Menstruationsschmerzen. Ich wanderte den langen Flur hinunter zum Zimmer der Hebamme. Ich kriegte ein Wärmekissen und irgendwelche Medikamente. Gegen die Schmerzen, nehm ich an. Ich weiss nicht mehr, ob ich gefragt habe, wofür oder warum.

Die nächste Erinnerung ist, wie ich im Bett des Gebärzimmers liege, auf der Seite. Eine neue Hebamme ist da, sie ist sehr nett. Zwischen den Wehen frotzeln mein Mann und ich miteinander. Ich bin schlapp, bewege mich nicht.

Ich liege immer noch auf der Seite auf dem Bett, die Wehen werden stärker und ich immer schwächer. Ich wundere mich darüber, wie die Frauen in Filmen schreien und toben vor Schmerz, ich kann nur daliegen und leise ächzen. Ist aber aushaltbar.

Die Hebamme schaut immer wieder besorgt auf den Wehenschreiber. Irgendwann kommt eine Ärztin dazu, sie unterhalten sich leise in einer Ecke des Raumes. Ich sage zu meinem Mann, es laufe eh auf einen Kaiserschnitt hinaus. Keine Ahnung, wie ich darauf kam.

Bei einer heftigen Wehe beginne ich zu hecheln, weil man das doch so macht. Die Hebamme sagt, ich solle langsam und tief atmen. Aha, ach so.

Die Hebamme sagt, dem Kleinen gehe es nicht gut, seine Herztöne sackten ab bei jeder Wehe. Ich habe bis zu diesem Zeitpunkt keine Sekunde daran gedacht, wie es dem Baby geht. Sie würden gern eine Periduralanästhesie probieren, vielleicht entspanne sich dadurch das Becken. Ich sage okay.

Die PDA wirkt nur auf einer Seite. Das Bein fällt mir die ganze Zeit vom Bett. Die Hebamme sagt: Fünf Zentimeter.

Ich habe plötzlich einen Schlauch in der Nase.

Als ich die Augen wieder aufmache, sind vier Menschen im Zimmer. Die Hebamme sagt, sie würden dringend zu einem Kaiserschnitt raten, wenn der Kleine jetzt schon Probleme habe, dann werde es schwierig bei den Presswehen. Ich sage okay.

Ich kriege ein Informationsblatt, das ich unten unterschreiben muss, und tue so, als ob ichs lesen würde, aber vielleicht habe ich am 2. April 2011 meine Seele verkauft. Oder verschenkt!

Ich bin im OP, mir wird noch mal eine PDA gestochen. Dann kommt mein Mann dazu, er sitzt bei meinem Kopf, sie fangen an. Die Sache ist ziemlich grob, es rüttelt, jemand drückt heftig von oben auf meinen Bauch, und plötzlich schreit ein Baby. Ich bin einfach nur unendlich erstaunt.

Sie halten mir meinen Sohn vors Gesicht, er ist verkehrt herum und sehr klein, und ich finde es wahnsinnig absurd, und von den nächsten neun Stunden habe ich keine Erinnerung mehr.

So. Das war also die Geburt meines Sohnes. In der nächsten Zeit hatte ich kein Problem damit. Ich hätte zwar Lust gehabt auf eine natürliche Geburt, habe mich sogar darauf gefreut, aber das war auch okay, es war medizinisch notwendig gewesen, dem Kind ging es gut, mir auch, ich hatte keine Komplikationen, die Wunde verheilte schnell, ich war schon am nächsten Tag wieder auf den Beinen, alles gut.

Aber etwas später fiel mir auf, dass diese Geburt irgendwie ohne mich stattgefunden hatte. Ich kann mich nicht daran erinnern, irgendetwas entschieden zu haben, vor einer Wahl gestanden zu haben. Mir wurden Fakten präsentiert, und ich sagte okay. Ich hatte keine Energie und keinen Willen. Vielleicht hatte es mit all den Medikamenten zu tun, die ich irgendwann intus hatte. Was ja eigentlich seltsam ist, da macht man zehn Monate lang einen riesigen Bogen um jegliche Art von Chemie, und bei der Geburt wird man zugedröhnt mit allem, was grad in Reichweite ist.

Oder vielleicht ist das auch einfach, wie eine Geburt ist. Vielleicht ist es das, was alle meinen, wenn sie sagen, man habe danach alles vergessen.

Jedenfalls hätt ichs gern bewusster erlebt.

Ein paar Wochen darauf traf ich einen Bekannten. Er fragte mich, wie die Geburt gewesen sei. Ich erzählte ihm, dass es ein Kaiserschnitt war, er lachte und sagte: Jaja, das machen sie in dem Spital bei allen so.

Aha, ach so.

Ein paar Wochen später las ich, dass bei einer eingeleiteten Geburt fast doppelt so häufig ein Kaiserschnitt gemacht wird wie bei natürlich einsetzenden Wehen.

Aha, ach so.

Ich werde leider nicht gesponsert von ihnen, muss es aber trotzdem sagen (oder gerade deswegen): Pampers sind um Klassen besser als alle anderen Windeln.

Eine Checkliste für den Mann, der seine Frau nach der Geburt aus dem Spital (oder Geburtshaus o. Ä.) abholt:

— Bett frisch bezogen?
— Wohnung geputzt?
— Windeln besorgt? (Die Kleinsten.)
— Windeleinlagen besorgt? (Fragen Sie irgendeine Frau, die auch grad in der Babyabteilung einkauft.)
— Blumen besorgt?
— Binden besorgt?
— Ist der Kühlschrank voll mit allem, was die Frau am liebsten mag?
— Sind ein paar Mahlzeiten vorgekocht? Oder Fertiggerichte besorgt?
— Gelernt, wie man ein Tragetuch bindet? Geübt?
— Gelernt, was der Fliegergriff ist? Geübt?
— An strategisch wichtigen Orten der Wohnung Flaschen mit Wasser aufgestellt für den Stillbrand?
— Salbeitee für die wunden Brustwarzen besorgt?
— Lanolinsalbe?
— Kümmelöl zum Einreiben des Bauchs, weil man nicht ausschliessen kann, dass das Baby wegen Bauchweh weint?

Alles mit Ja beantwortet? Dann sind Sie so bereit, wie man sein kann. Viel Glück!

Mir ist da neulich etwas aufgefallen. Stellen Sie sich mal irgendein Ding vor. Einen Apfel. Einen dieser orange-weiss gestreiften Verkehrszylinder. Jetzt gebe ich Ihnen einen Edding

117

in die Hand und bitte Sie, diese Dinge mit minimalem Aufwand so zu verändern, dass sie belebt aussehen. Was tun Sie? Mit grosser Wahrscheinlichkeit malen Sie den Dingen Augen. Sköne Oke wie in E. T. A. Hoffmanns *Der Sandmann*! Sie unterscheiden den Smiley vom Satzzeichensalat. Nun bitte ich Sie, diese Dinge mithilfe des Eddings weiblich aussehen zu lassen. Es wird Spassvögel und Simpel geben, die Brüste malen. Aber die meisten, glaube ich, kommen nach kurzem Nachdenken auf die Lösung: Wimpern. Lange, zur Seite geschwungene Comicwimpern. Minnie Mouse ist Mickey Mouse mit Wimpern, Daisy ein bewimperter Donald. Wimpern sind das einfachste Signal für Weiblichkeit, noch vor Brüsten, Hüften, Kleidung.

Das Phänomen ist recht interessant. Überlegt man sich, was das männliche Edding-Pendant wäre, kommt man am ehesten auf den Schnauz. Es macht Sinn, dass sich der als eindeutiges Zeichen für Männlichsein entwickelt hat, denn nur Männer haben Schnäuze. Wimpern hingegen haben ja beide Geschlechter. Und ich glaube, es ist nicht mal so, dass Frauen durchschnittlich viel längere haben als Männer. (Und wenn doch, dann möchte ich ein T-Shirt, wo das draufsteht. «Frauen haben längere als Männer.») Eine meiner ersten grossen und heimlichen Verliebtheiten war, weil der Junge unglaublich schöne lange Wimpern um seine riesengrossen Augen hatte. Rückblickend muss ich sagen, dass auch der Rest seines Gesichts eher weibliche Attribute hatte – volle Lippen, Stupsnase und so. Rückblickend muss ich auch sagen, dass eigentlich schon immer klar war, dass er schwul war. Was bedeutet das jetzt? Bin ich lesbisch? Oder schwul? Beides? Steh ich einfach auf Labradorwelpen?

Zurück zum Schnauz und dem Edding: Wie kommts, dass Politikerinnen auf Wahlplakaten immer Schnäuze ge-

malt werden, aber nie Politikern lange Comicwimpern? Da
die Kritzeleien ja meist eher böse gemeint sind, müsste das
bedeuten, dass es einfach nichts Böses ist, einen Mann mit
weiblichen Attributen zu versehen, und deshalb wird es nicht
gemacht, oder? Was sehr erfreulich wäre, aber nicht wirklich
glaubhaft, solange es noch als durchaus beleidigend gilt, Männer «Mädchen» oder «Pussy» zu nennen.

Das ist alles sehr verwirrend. Auf das Wimpern-Ding
bin ich übrigens gekommen, als ich ein Badewannenplansch-
vieh für meinen Sohn gekauft habe. Es hatte nur Tintenfische.
Als ich die Kiste durchwühlte, weil ich mich nicht für eine
Farbe entscheiden konnte (Ja. Ich weiss), merkte ich plötzlich,
dass sie sich nicht nur in der Farbe, sondern auch bei den Wimpern unterschieden, sprich: im Geschlecht. Ich nahm dann
den männlichen Tintenfisch. Keine Ahnung, warum. Weil
es mir naheliegender erschien vielleicht, weil mein Sohn ja
auch männlich ist. Was keinen Sinn macht, denn ich würde
meinem Sohn ja nicht die blonde Puppe kaufen, nur weil er
blond ist. Würde ich denn meinem Sohn eine Puppe kaufen?
Sollte ich? Ach. Ich schmeiss den Tintenfisch weg und geb ihm
einen Verkehrszylinder mit aufgemalten Augen.

Ja, ich würde meinem Sohn eine Puppe kaufen. Wenn er auch
nur einmal auch nur eine Sekunde lang auch nur einen Funken
Interesse an einer Puppe gezeigt hätte.

Wenn jemand etwas über Geburten weiss, dann Brida von Castelberg. In 19 Jahren als Chefärztin der Frauenklinik Triemli hat sie alles gesehen: von Hochrisikogeburten, bei denen alles gut geht, über Wunschkaiserschnitte bis hin zu ganz normalen Entbindungen, die plötzlich dramatisch werden. Vor einem Jahr hat sie sich frühpensionieren lassen – der richtige Zeitpunkt also, um ihr ein paar Erkenntnisse aus der Empirie zu entlocken.

«Frau von Castelberg, wo stehen wir in der Schweiz? Verlernen wir das natürliche Gebären? Unsere Kaiserschnittrate ist im internationalen Vergleich ziemlich hoch.»

«Es gibt natürlich viele Situationen, in denen ein Kaiserschnitt angezeigt und lebensrettend ist. Aber für die Zunahme gibt es verschiedene Gründe. Der eine sind die Gynäkologen. Für die ist ein Kaiserschnitt einfach besser planbar. Sonst haben die ein volles Wartezimmer und müssen viermal wegrennen, weil eine seit acht Stunden am Gebären ist – da kommt der Tag durcheinander. Das andere Grund ist ein vermehrtes Sicherheitsbedürfnis. Dass man, sobald irgendetwas nicht optimal aussieht, lieber vorher schon einschreitet, anstatt es zum Notfall kommen zu lassen. Und es gibt immer mehr riskante Schwangerschaften – die Frauen werden immer dicker und kriegen immer später Kinder, da ist die Gefahr von Schwangerschaftsdiabetes zum Beispiel halt höher als im jungen Alter. Und dann gibt es noch die geplanten Kaiserschnitte, also von der Patientin gewünscht. Viele Frauen haben Angst vor den Schmerzen, obwohl man das ja heute wirklich sehr gut im Griff hat mit der PDA. Andere Frauen trauen sich nichts zu, können nicht umgehen mit dieser Ungewissheit, wie das sein wird, denn eine Geburt ist ja schon etwas Überwältigendes. Und dann gibt es auch noch solche,

120

die Angst haben vor Dammverletzungen. Es kommen meist viele Einzelfaktoren zusammen, und zusätzlich ist es halt auch sehr normal geworden, diese Option zu wählen.»

«Gibt es einen Zusammenhang zwischen künstlich eingeleiteten Wehen und Kaiserschnitt?»

«Ja, gibt es. Einerseits, weil man ja meist in Fällen einleitet, wo es schon ein Problem gibt – und das ist ja auch ein Teil der Indikation für einen Kaiserschnitt. Und das andere ist, dass alle Frauen nach einer langen Einleitungsphase, wo 24 Stunden lang nichts passiert ist, total entnervt sind, wenn es dann losgeht mit den Wehen, und sie es dann einfach hinter sich haben wollen. Deshalb haben wir im Triemli auch angefangen, ambulant einzuleiten, wenn es keine Risiken gibt. Die Frau kriegt die Medikamente, wird vier Stunden beobachtet, und wenn alles gut aussieht, kann sie nach Hause.»

«Wie lange dauert es durchschnittlich, bis die eingeleiteten Wehen einsetzen?»

«Bis zu 72 Stunden. Aber wir haben eindeutig das Gefühl, es gehe besser bei den Frauen, die zu Hause sein können. Sie brauchen weniger Medikamente und sind viel weniger genervt und gestresst.»

«Stimmt es, dass die Qualität der Wehen eine andere ist, wenn sie künstlich eingeleitet wurden?»

«Ja, das sagt man. Aber zum Beispiel Wehen mit Syntocinon, also mit Oxytocin einzuleiten ist manchmal total für die Füchse. Da gibt es dann zwar manchmal böse, schmerzhafte Wehen, aber sie bewirken überhaupt nichts. Der Körper ist dann einfach noch nicht parat. Prostaglandin, das zuerst den Muttermund reifen lässt und erst dann Wehen macht, ist da besser, aber es macht manchmal schon ausgesprochen heftige Wehen. Sagt man, sagen die Hebammen. Ich weiss nicht, ob es stimmt.»

«Ich habe gehört, es gebe dann weniger Pausen zwischen den Wehen, also mehr ein konstanter Schmerz.»

«Ja, am Oxytocintropf kann es das geben. Aber dafür hat das den Vorteil, dass man selber steuern, auch mal abstellen kann. Beim Zäpfli geht das natürlich nicht. Drin ist drin.»

«Nach meinem Kaiserschnitt hat mir jemand gesagt: Ach, du warst im Soundso-Spital? Da schneiden sie ja sowieso alle auf. Gibt es wirklich Spitäler, die deutlich mehr Kaiserschnitte machen?»

«Ja, einerseits gewisse Privatkliniken, die haben Zahlen, die nicht mehr mit einer medizinischen Indikation erklärbar sind. Und die Uniklinik auch, aber dort sind natürlich alle Hochrisikopatientinnen. Wir hatten rund 30 Prozent.»

«Ist es denn eigentlich wahr, was man immer wieder hört, nämlich, dass ein Spital an Kaiserschnitten einfach mehr verdient als an Spontangeburten?»

«Nein. Am blödesten für ein Spital ist ein Notfallkaiserschnitt, nachdem die Frau vorher stundenlang in den Wehen gelegen, schon eine Periduralanästhesie gekriegt hat, alle waren immer auf Abruf, am Schluss muss man noch den Operationssaal haben, da verdient man nichts mehr dran. Das Billigste für eine Klinik ist ein elektiver, also primärer Kaiserschnitt. Leider.»

«Und eine normale Geburt liegt irgendwo dazwischen.»

«Ja.»

«Aber mühsam wird es halt, wenn 15 Frauen seit Stunden in den Wehen liegen und das Personal nur noch zwischen den Geburtszimmern hin- und herrennt, oder?»

«Ja, das ist das Mühsamste.»

«Deshalb hätte mir eben noch eingeleuchtet, dass irgendwann gesagt wird: So, ein paar Babys werden jetzt halt mit Kaiserschnitt geholt, dann wird es wieder übersichtlicher.»

«Aber das ist dann Geburtsmedizin, nicht mehr Geburtshilfe. Geburtshilfe ist eine wahnsinnig zeitintensive Sache, da geht es um sehr viel Geduld, Empathie, Zuhören, Ausprobieren ... Das ist etwas völlig anderes, als einfach ein Kind auf die Welt zu bringen.»

«Im Triemli haben die Hebammen ja ungewöhnlich viel Entscheidungsmacht.»

«Ja. Wir haben vier Beleghebammen und werden bald auch noch innerhalb des Teams Hebammen haben, die alleine Geburten machen können. Die Ärzte sind da nur noch im Hintergrund. Und diese Hebammen gehen auch nicht ständig wieder raus, wie das heute oft der Fall ist, um sich an den Computer zu setzen, sondern die sind da. Und sie arbeiten auch nicht in klassischen Schichten. Also, wenn eine jetzt schon 24 Stunden im Dienst ist, geht sie schon mal schlafen, aber sonst können sie das selber einteilen. Und das gibt natürlich eine ganz andere Art der Betreuung, eine andere Stimmung.»

«Weniger gestresst.»

«Genau. Den Frauen kann besser die Angst genommen werden. Und wenn man sich das mal vorstellt, was da genau passiert, dann ist schon klar, dass auch nur das kleinste bisschen Angst bei der Mutter alles schon viel schwieriger macht. Dann geht es einfach nicht mehr. Ein Kind kommt erst, wenn die Frau sich entspannt, loslässt.»

«Kommt es eigentlich drauf an, ob eine Hebamme selber Kinder hat oder nicht?»

«Nein. Erstaunlich viele Hebammen sind kinderlos. Eine unserer langjährigsten und besten Hebammen hatte selber keine Kinder, aber bei jedem einzelnen, das sie auf die Welt gebracht hat, hat sie sich wahnsinnig gefreut.»

«Gibt es eigentlich Unterschiede in den verschiedenen Kulturen in Sachen Geburt?»

«Das ist jetzt natürlich sehr subjektiv, aber ich würde sagen: ja. Zum Beispiel orthodoxe Jüdinnen, die gebären unglaublich leicht. Sie haben natürlich oft auch vier, fünf, sechs Kinder, aber auch beim ersten machen sie das wahnsinnig gut. Meistens kommt die Mutter mit.»

«Der Mann nicht?»

«Doch, aber der darf sie halt nicht anfassen. Und eine sogenannte Doula haben sie auch oft dabei, eine Geburtsbegleiterin. Die übernehmen dann echt die Führung, da hat die Hebamme also fast nichts mehr zu tun. Und dann scheint mir, dass gewisse Jugoslawinnen auch sehr gut gebären. Türkinnen auch. Es ist, wie wenn die anders gebaut wären. Am allerschlimmsten sind Tamilinnen. Sie haben einerseits extrem häufig Diabetes, weil sie so unglaublich viel Zucker essen. Das ist bei ihnen ein Zeichen für Luxus, sie verschenken Zucker, wie wir Olivenöl oder Wein bringen als Gastgeschenk. Und es scheint mir auch genetisch zu sein, dass sie den Zucker einfach schlechter vertragen als andere. Bei Tamilinnen sind Kaiserschnitte wahnsinnig häufig. Afrikanerinnen gebären eigentlich gut. Ausser, sie sind beschnitten, natürlich.»

«Wird das nachher wieder zusammengenäht?»

«Ja, wenn man aufschneiden muss, muss man auch wieder zusammennähen. Aber das macht man dann natürlich nicht mehr in dem Ausmass wie vorher, es soll keine Beihilfe sein zu dieser schrecklichen Sitte.»

«Sie haben vorhin gesagt, viele hätten Angst vor Dammverletzungen – ist es denn oft so, dass das nachher längerfristig Probleme gibt?»

«Nein, nicht oft, aber es gibt schon zum Teil arge Narben, die auch beim Geschlechtsverkehr wehtun können. Viele haben übrigens natürlich auch Angst vor der weiten Vagina. Dabei kriegt man das mit Training wieder hin.»

«Viele dieser Ängste könnte man diesen Frauen also vielleicht nehmen.»

«Ja, früher hab ich auch gesagt: Jede Frau, die einen Kaiserschnitt wünscht, muss vorher zu einem Gespräch kommen. Aber irgendwann war das einfach zeitlich nicht mehr drin.»

«Wenn Sie jetzt ein Kind gebären müssten. Würden Sie Dammmassage machen?»

«Ja.»

«Epi-No?» (Eine Art Ballon, den man zur Dehnung in die Scheide einführt und immer ein bisschen grösser pumpt.)

«Nein. Ist mir unsympathisch.»

«Aber es ist eigentlich sinnvoll?»

«Ja, schon, es funktioniert. Aber ich glaube, ein Teil des Effekts ist die Gewöhnung an den Druck dort, an das Gefühl in der Vagina. Viele meinen ja, sie müssten aufs Klo.»

«Heublumen-Dampfbäder?»

«Ich glaube nicht.»

«Spital oder Geburtshaus?»

«Sicher ins Spital. Wegen der Risiken. Vielleicht ambulant, aber auf jeden Fall ins Spital.»

«PDA?»

«Kann ich nicht sagen, weil ich nicht weiss, wie die Schmerzen sind. Tendenziell schon, glaube ich.»

«Wassergeburt?»

«Hm ... eher nicht. Ich glaube, man ist da irgendwann so müde, dass man sich gern ein bisschen hinlegt.»

«Ist eigentlich die liegende Position nicht total ungeeignet zum Gebären? Ist es nicht einfach praktischer für die Ärztin oder Hebamme?»

«Nein, das kommt denen nicht drauf an. Aber viele Gebärende haben irgendwann keine Kraft mehr, sich auf den

Beinen zu halten, im Wasser wird die Haut schrumpelig, und auf dem Mayahocker kann man nicht allzu lang bleiben, weil sonst das Blut in den Beinen gestaut wird. Und man muss ja nicht auf dem Rücken liegen, auf der Seite geht auch sehr gut.»

«Welche war die bemerkenswerteste Geburt Ihrer Karriere? An welche werden Sie sich immer erinnern?»

«Natürlich alle, wo etwas schiefgegangen ist, die bleiben einem schon. Aber im positiven Sinne ...? Die, wo einem Zwillinge sozusagen entgegenspringen. Das ist schon lässig. Zwillinge sind immer lässig.»

«Gebären viele Frauen Zwillinge auf natürlichem Weg? Ich dachte, das sind alles Kaiserschnitte.»

«Nein, von denen, bei denen der Erste in Kopflage liegt, gebären eigentlich recht viele vaginal. Mehr als die Hälfte.»

«Muss nur der Erste in Kopflage sein? Und der andere kommt irgendwie?»

«Ja. Also nicht gerade quer, aber er kann auch in Steisslage sein, das macht dann nichts.»

«Ist denn das weniger problematisch als eine Einlingsgeburt in Steisslage?»

«Ja, weil mit dem Ersten schon bewiesen ist, dass ein Kopf durchpasst.»

«Ach so!»

«Das andere Problem bei Steisslagen ist, dass der Nabelschnuransatz schon geboren ist. Und wenn dann der Kopf länger braucht, wird die Versorgung abgeklemmt.»

«Also spricht eigentlich gar nichts dagegen, Zwillinge normal zu gebären?»

«Nein, im Gegenteil: Wenn man gleich zwei hat, um die man sich kümmern muss, ist eine Kaiserschnittnarbe sogar noch störender. Und Zwillinge kommen meist ja etwas zu früh, sind also eher kleiner.»

«Stimmt es eigentlich, dass es mit jedem Kind etwas leichter wird?»

«Ja. Der Körper ist einfach schon angepasster.»

«Was ist Ihrer Meinung nach die am meisten herumgereichte Fehlinformation zum Thema Geburt?»

«Die gibt es auf beiden Seiten, bei Ärzten und werdenden Müttern. Bei den Ärzten ist es wohl diese alte Mär von wegen, wie schnell eine Geburt vorangehen muss.»

«Dass sich der Muttermund um mindestens einen Zentimeter pro Stunde öffnen muss?»

«Genau. Völlig absurd. Und bei den Frauen ist es vielleicht diese Vorstellung, dass die Vagina danach ausgeleiert ist. Aber der Bauch ist ja auch riesengross und wird nachher wieder flach! Der Körper ist anpassungsfähig. Der ganze weibliche Körper ist dermassen massgeschneidert und spezialisiert auf eine Schwangerschaft, der macht das schon.

«Was mich auch erstaunt, ist, wie sehr sich Frauen ins Bockshorn jagen lassen mit diesem Breast-is-best-Mantra. Viele haben wirklich das Gefühl, es passiere etwas ganz, ganz Schlimmes mit ihrem Kind, wenn sie nicht stillen können.»

«Ich habe das jeweils schon am Geburtsvorbereitungsabend gesagt: Wenn es klappt, ist es super, wenn nicht, bitte machen Sie sich nicht fertig deswegen. Die La Leche Liga macht da natürlich stark mit bei diesem Druck.»

«Würden Sie stillen wollen?»

«Ja, aber nicht fanatisch. Es ist halt auch einfach sehr praktisch. Worüber übrigens zu wenig gesprochen wird, ist die Sexualität nach der Geburt. Männer leiden still vor sich hin, und für die Frauen ist es manchmal einfach kein Thema mehr. Sie brauchen es nicht mehr. Sie haben ja ihr Kind. Alle ihre Emotionen sind konzentriert auf das Kind, sie haben ihre körperliche Nähe mit dem Kind. Und es wäre wichtig, dass man das bespricht, dass die Frau weiss, dass es für ihren Mann nicht gleich ist wie für sie, und dass der Mann weiss, dass es irgendwann wieder besser wird.»

«Was ist Ihrer Erfahrung nach der durchschnittliche Zeitpunkt, wo ein Paar erstmals wieder Sex hat nach einer Geburt? Man sagt ja, nach sechs Wochen dürfe man wieder.»

«Ich sage allen: Ihr könnt sofort, falls ihr Lust habt. Nach sechs Wochen sowieso, und wenn es länger als drei Monate dauert, kommt bitte noch mal vorbei. Irgendwann ist nämlich der Moment verpasst.»

«Und was raten Sie denen dann?»

«Ich kann das Problem natürlich nicht lösen für sie. Aber einerseits hilft es vielleicht schon, sie wissen zu lassen, dass sie nicht die Einzigen sind. Andererseits sage ich halt auch, sie sollten das Kind einfach mal ein paar Stunden weggeben.»

«Gibt es eigentlich männliche Geburtshelfer?»

«In der Schweiz nicht. Wir wollten mal einen anstellen, aber das hat nicht funktioniert. Weil es einfach schon ein bisschen komisch ist, sosehr ich auch für Geschlechtergleichheit bin. Aber die sind einer Frau halt schon sehr viel näher als ein Arzt. Das ist wirklich körperlich, da geht es um Massieren, Umarmen, Anlehnen, das finden die meisten Männer dann schon etwas seltsam, wenn ihre Frau von einem anderen Mann so angefasst wird.»

«Wie gebären eigentlich Fachfrauen, also Ärztinnen, Hebammen?»

«Genau wie alle anderen. Bei einer Geburt einer Oberärztin bei uns zum Beispiel ging es irgendwann nicht mehr vorwärts, und die Hebamme hat dann irgendwann vorgeschlagen, etwas Oxytocin zu geben. Und die Oberärztin: Oh, ja, super Idee! Sie wäre nie von sich aus draufgekommen, und das ist wirklich das Allernaheliegendste.»

«Wenn Sie jetzt mit Ihrer ganzen Erfahrung allen werdenden Müttern einen einzigen Rat mitgeben könnten, welcher wäre es?»

«Bereitet euch nicht zu sehr vor. Es kommt eh anders. Vertraut auf euren Körper und die Natur und die Millionen Jahre, in denen schon Kinder zur Welt kamen. Eine Geburt ist etwas Archaisches, da bringt die intellektuelle Präparation nichts.»

«Würden Sie von Geburtsvorbereitungskursen abraten?»

«I hob nix gsagt.»

«Was ist mit all den Kursen, die eine Geburt ohne Schmerzen versprechen?»

«Eine Frechheit! Dann tut es doch weh, und die Frau hat zusätzlich noch das Gefühl, versagt zu haben!»

«Es ist inzwischen ja eine Art Statussymbol, keine PDA zu wollen oder gekriegt zu haben.»

«Ja, eben, die Frauen besuchen Kurse, in denen ihnen gesagt wird: Wenn du es soundso machst und soundso atmest und zum richtigen Zeitpunkt das richtige Wort sagst, dann geht das tipptopp. Was die Angst nehmen soll, aber eigentlich nur neuen Druck macht.»

Neulich fragte ein Fünfjähriger einen Freund von mir, warum er so gross und fett sei, und schlug dann seinem Gschpänli vor, ihn «umzutöten». Süss!

129

Ich habe mich noch nie gefragt, wie sich Feminismus und christlicher Glaube vertragen, wohl weil ich nichts mit dem christlichen Glauben am Hut habe (liebe Gläubige, bitte versuchen Sie jetzt nicht, mich zu bekehren, sondern suhlen Sie sich einfach im wohligen Wissen, dass ich auf dem falschen Weg bin). Eigentlich erstaunlich, wie selten die christliche Religion an mich herangetragen wird; es sind ja doch rund siebzig Prozent der SchweizerInnen christlich.

Und so war ich sehr interessiert, als ich in «The Atlantic» auf einen Text stiess, der, auf Deutsch übersetzt, folgenden Titel trägt: «Wie ich lernte, nicht mehr an meinem Mann herumzukritisieren und nett zu ihm zu sein». Der Untertitel: «Eine Christin macht ihren Frieden mit der biblischen Anweisung, dass ‹die Ehefrau ihren Mann achten und respektieren soll›.»

Die Autorin beginnt mit der Szene, als sie nach einem harten Arbeitstag nach Hause kommt und das Geschirr vom Nachtessen, das sie für die Familie am Morgen vorbereitet hat, dreckig herumsteht und der Mann schnarchend auf dem Sofa liegt. Sie wäscht wütend ab, und als der Mann vom wütenden Abwaschen wach wird und sagt, er hätte es später dann schon gemacht, faucht sie ein bisschen, und er geht ins Bett, «feeling disrespected». Sie hatte da natürlich keine Ahnung, schreibt sie, dass ihr Mann *tatsächlich* vorgehabt hatte, den Abwasch zu machen (woher sie es dann irgendwann doch wusste, schreibt sie nicht. Ich nehme an: von ihm? «Ich hatts imfall wirklich vor!» – «Oh mein Gott, ach so! Du bist der Beste.» Oder vielleicht auch von IHM, von Gott persönlich!), und dass er vorher «lovingly» mit den Kindern gespielt, ihnen was vorgelesen und mit ihnen gebetet hatte (keine Ahnung, warum das bemerkenswert sein soll. Ist ja wohl sein Job an seinem Abend mit den Kindern).

Jedenfalls, schreibt sie, war ihre Ehe zu dem Zeitpunkt eh ziemlich beschissen, weil sie ein «Produkt des Second-Wave-Feminismus» sei und deshalb immer «für ihre Rechte gekämpft» und dem Mann mitgeteilt habe, wenn ihr etwas nicht passte. Und das habe ihre Beziehung beschädigt. Und dann stiess sie bei der Bibellektüre eben auf den *Epheser 5,33* und auf die Forderung, die Frau solle sich dem Mann unterordnen. Und dann machte sie das, und es habe ihre Ehe gerettet. Sie mäkle also nicht mehr herum und habe auch angefangen, sich wieder für ihn zu interessieren, ihm Fragen zu stellen. (Auch ohne Erleuchtung könnte man auf die Idee kommen, dass das relativ wichtig ist.) Und sie habe gemerkt, dass sie selber die Mangelhafte sei. (Na klar. Und dass sie weniger verdient als der Kollege, ist auch ihr Fehler.) Ihr Ehemann habe ein paar Jahre gebraucht, um die Veränderung zu bemerken (ein paar Jahre?!), aber dann habe er angefangen, sie mehr auszuführen, und irgendwann sei er sogar in einen ihrer Kommunikationskurse geplatzt und habe vor hundert Leuten eine Präsentation darüber gehalten, was für eine tolle Ehefrau sie sei, und ihr ein Armkettchen mit Anhängern geschenkt und erklärt, wofür jeder einzelne der Anhänger stehe, und alle hätten geweint vor Rührung. (An der Stelle habe ich geweint vor Ekel.) Und deshalb hat sie ein Buch mit praktischen Tipps für christliche Ehefrauen geschrieben, wie eben dass man den Mann nicht kritisieren soll, sondern besser loben für das, was er gut macht. (Das kennt man ja auch aus der Hundeerziehung: schlechtes Verhalten ignorieren, gutes belohnen.)

Jedenfalls – auch wenn ich alles furchtbar finde, was die da schreibt – in der Essenz hat sie natürlich recht: Zu resignieren ist wohl einfacher. Vor allem, wenn man glaubt, irgendwann von irgendeinem Gott dafür belohnt zu werden.

Fortsetzung von Seite 92

Von: Michèle Roten
An: Nils Pickert
Betreff: Wie Vater sein

Einfach weil es so schön ist: Warum ist Gleichberechtigung auch für Männer erstrebenswert? War vor 50 Jahren für euch nicht alles viel einfacher?

Von: Nils Pickert
An: Michèle Roten
Betreff: Wie Vater sein

Vor 50 Jahren? Das ist leicht zu beantworten – gib auf Youtube mal «Frauengold» ein. Da siehst du Werbeclips für einen Schnaps, der Frauen zu willigen, zufriedenen Püppchen macht, die sich dafür entschuldigen, wenn sie mal aus Versehen eine eigene Meinung haben.

Ich hab keinen Bock darauf, mein Leben als Statist faschistoider Rollenklischees an der Seite einer Frau zu fristen, die ebenfalls Statistin ist. Ich bin nicht gerne der Herr, ich will keine Sklavin. Ich verliebe mich in Menschen, nicht in gesellschaftliche Klischees. Ich würde niemals Sex mit jemandem haben, den/die ich nicht begehre und der/die mich nicht begehrt. Ich hab Lust auf Mitmenschen, auf Austausch, Beziehungen, Meinungen, Streit. Ich will wissen, mit wem ich Zeit verbringe und dass diejenigen, mit denen ich es tue, wissen, wer ich bin. Wenn das anstrengender ist, so what. Wenn ich mir von Dienern den Haushalt führen liesse, wäre ich sicher entspannter. Ja und?! Kurzum: Es fühlt sich einfach echter an. Es mag früher

132

in mancherlei Hinsicht einfacher gewesen sein. Es war aber auch ekliger, piefiger, falscher, menschenverachtender und grotesker. «Iss deine Suppe auf, sonst weint der Jesus. Und Mutti, leg dich schon mal hin und mach die Beine breit – ich komm gleich.»

Von: Michèle Roten
An: Nils Pickert
Betreff: Wie Vater sein

Zum Schluss: Es wird Interessentinnen geben. Nur damit das geklärt ist – bei euch läufts gut in der Beziehung. Nix zu holen. Oder?

Von: Nils Pickert
An: Michèle Roten
Betreff: Wie Vater sein

Und ich bin mit meiner Lebensgefährtin seit 17 Jahren zusammen. In jeder Hinsicht, die man sich nur vorstellen kann, und noch in ein paar mehr, ist sie für mich die Richtige.

Ich bin sehr froh, dass wir nach der Forderung eines Beschneidungsverbots nun auch noch die Forderung nach einem Ohrlochstechverbot diskutieren in unserem wunderbaren, diskussionsfreudigen Land. Weil, das muss man schon mal ehrlich festhalten, sehr, sehr viele Schweizer sind ja zu dumm, selber die richtigen Entscheidungen zu treffen. Und mit denen kann man auch nicht diskutieren und ihnen erklären, warum etwas dumm ist, was sie tun, die checken das nicht, und deshalb braucht man ein Gesetz. Weil, dann wird es für die Dummen schwieriger, ihre Dummheiten zu begehen, und wenn sie es doch tun, dann ist es keine Dummheit mehr, sondern ein Gesetzesbruch, und dann kann man sie bestrafen.

Das ist vor allem wichtig, wenn es um Kinder geht! Die lieben Kleinen! Die ja noch nicht selber Entscheidungen treffen können.

Ich finde es allerdings seltsam, dass wir immer nur über die körperliche Unversehrtheit der Kinder sprechen, denn Eltern können ihre Kinder auf unendlich viele Arten versehren, ganz abgesehen davon, ihnen was abzuschneiden oder zu stechen oder auf die Stirn zu tätowieren, und diese anderen Versehrungen beeinträchtigen das Wohl des Kindes mindestens ebenso sehr, wenn nicht mehr. Und deshalb müssen wir unbedingt gleich weitermachen, wenn wir schon im Schwung sind, und danach diskutieren, ob es nicht sinnvoll wäre, ein Fortpflanzungsverbot für hässliche Menschen einzuführen, denn, mal ehrlich, dort fängt es doch an, oder nicht? Wurde denn irgendein hässliches Kind gefragt, ob es hässlich werden will? Nein, das war eine absolut egoistische Entscheidung der beiden hässlichen Erzeuger, und wir alle wissen, wie hart das Leben sein kann für hässliche Menschen. Sie können nie Model werden! Wahrscheinlich nicht mal berühmte Sänger! Oder sonstwie berühmt! Und müssen Bilder von sich für ihren Facebook-Account immer aus ganz komischen Winkeln aufnehmen.

Aber auch die kleineren Entscheidungen muss man den Menschen mit Gesetzen abnehmen. Es ist zum Beispiel nicht in Ordnung, dem Kind eine doofe Brille aufzusetzen, das führt zu Diskriminierung, ich zum Beispiel bin oft speziell gemein zu Kindern mit doofen Brillen, und ich bin bestimmt nicht die Einzige, dagegen müsste man also unbedingt was tun mit einem Doofebrillenkaufverbot.

Und welches Kind würde schon von sich aus einen Ostschweizer Dialekt wählen?

Oder einen Modenamen, den fünf andere Kinder in der Klasse auch haben?

Und wurde schon einmal untersucht, was es Kindern für längerfristige Schäden zufügt, wenn Mami und Papi gern Hitparadenmusik hören?

Oh, und was ist eigentlich mit Eltern los, die ihren Babys keine Bernsteinkette anziehen und damit in Kauf nehmen, dass es dem Kind eventuell mehr wehtun könnte beim Zahnen, wenn das denn tatsächlich funktionieren würde? Fahrlässig! Ich fordere ein Bernsteinkettenverzichtsverbot!

Und eigentlich fordere ich auch gleich noch ein Natürlichegeburtsverbot, weil, im Ernst, halten Sie mal einen Säugling in den Armen, und dann stellen Sie sich vor, Sie müssten ihn auf Geburtskanalgrösse zusammenquetschen. Könnte man einen Fötus fragen, ich bin ziemlich sicher, er würde einen Kaiserschnitt wählen.

Heute wollte mein 20 Monate alter Sohn unbedingt auf den Balkon. Als ich ihn fragte, warum, sagte er: Zigi rauche.

Ah ja, Stillen. Zuallererst: Hören wir doch mal auf mit dem Stress. Wie, du stillst nicht? Wie, du stillst? Wie, du stillst schon nicht mehr? Wie, du stillst immer noch? Es ist vollkommen verblödet, wie wir Frauen uns da gegenseitig ins Bockshorn jagen.

In der Schwangerschaft war ich eine Weile noch der Meinung, ich wolle nicht stillen, aus Angst um meine Brüste. Buh! Ja, tatsächlich. Denen, die mich jetzt verklagen wollen, sage ich nur dies: Mein Kind wird mit 18 ausziehen und ein eigenes Leben haben, mit meinen Brüsten verbringe ich bis an mein Lebensende jeden Tag. Das darf man sich schon überlegen. Dann hat mich eine Ärztin aufgeklärt, dass der Spannkraftverlust nicht so sehr durchs Stillen passiert, sondern durch den Milcheinschuss, also die sehr schnelle extreme Grössenveränderung. (Keine Ahnung, ob das tatsächlich stimmt. Aber ich beschloss, es mal zu glauben.) Also dachte ich: Na dann kannst du auch gleich stillen. Es funktionierte von Anfang an recht problemlos (womit ich nicht sagen will, ich hätte in den ersten Wochen nie dermassen wunde Nippel gehabt, dass ich beim Ansetzen auf ein Stück Holz beissen musste. Und auch nicht, dass ich nicht herausfinden musste, dass zu volle Brüste so wehtun, dass ich den Weg vom Büro zu meinem Baby in gestrecktem Galopp gemacht hätte, wenn Rennen mit zu vollen Brüsten möglich wäre, was es nicht ist, und was dazu führte, dass ich regelmässig einfach nur schwitzend wie eine Hure in der Kirche im Bus sass und betete, es möge mich niemand berühren, weil sonst eine Bombe hochgegangen wäre aus Milch und Blut und Tränen, alle tot. Und auch nicht, dass das arme Kind nach solchen Aktionen nie japsend von einem breit gestreuten Strahl Milch geduscht wurde, den es trinkenderweise nicht mehr bewältigen konnte. Sie wollten die Wahrheit. Hier haben sie die Wahrheit. [Wenn Sie sie nicht wollten: bitte um Entschuldigung!])

Stillen ist vor allem sehr praktisch. Man hat jederzeit alles Nötige in der richtigen Temperatur und der richtigen Menge dabei und muss danach nichts abwaschen und desinfizieren, das spart eine Menge Zeit und Aufwand. Und irgendwie macht Stillen auch ein bisschen high, und man nimmt sehr schnell ab, und einige haben dabei Orgasmen, und es ist schon schön, so mit dem Baby zu schmusen.

Aber Stillen bedeutet auch Unfreiheit. Die Schwangerschaft ist zwar vorbei, das Kind auf der Welt, aber eigentlich geht es so weiter wie die letzten zehn Monate: Man darf dies nicht und jenes nicht, und das sind meist die Dinge, die Spass machen. Und auf die man Lust hat, jetzt, wo man wieder ein normaler Mensch ist, der allein in seinem Körper wohnt. Natürlich bringt es das Kind nicht um, wenn es gestillt wird, nachdem die Mutter ein Bier getrunken hat, aber richtig toll fühlt es sich eben doch nicht an. Und natürlich könnte man die verunreinigte Milch abpumpen, aber wer will schon nach dem Ausgang erst mal noch eine halbe Stunde mit dem Staubsauger an den Brüsten auf dem Sofa sitzen? Und nach fünf Stunden gleich noch mal?

Und noch etwas: Stillbrüste sind keine Sexbrüste. Der Mann mag es toll finden, dass sie so gross sind, aber für die Frau, der sie gehören, sind Stillbrüste absolut asexuell. Sie tun tendenziell weh, sie arbeiten hart, und sie gehören dem Baby. Anschauen ja, anfassen nein. Punkt.

Stillen bedeutet auch raum-zeitliche Unfreiheit, siehe oben: Milchbrüste und Baby, das gehört nun mal zusammen wie Junkie und Dealer. Der Radius ums Kind herum ist also relativ klein, ausser man nimmt die Pumpe mit. Was immer mit gewissen Unannehmlichkeiten verbunden ist. Es gibt in kaum einem Büro einen geeigneten, abschliessbaren Raum, was bedeutet, dass die meisten Frauen zum Abpumpen aufs

Klo gehen. Da sitzt man also auf dem Toilettendeckel, links und rechts verrichten Frauen ihre Notdurft, die Pumpe macht meh-meh-meh, und man schaut mindestens 20 Minuten lang die Tür an. Und danach kommt die abgepumpte Milch in den Bürokühlschrank, zwischen die 0-Prozent-Joghurts der Kollegin und den Kaffeerahm und den Couscous-Salat, der seit zwei Monaten vor sich hin rottet (von wem ist der eigentlich?!), was auch irgendwie unangenehm ist.

Eben, Stillen ist super und praktisch, solange man jederzeit ums Kind herum ist und keine anderen Bedürfnisse hat. Als ich nach einem halben Jahr abstillte – mein Sohn hatte keine Lust mehr –, war ich völlig überwältigt von diesem Gefühl, dass mein Körper wieder mir gehört. Nur mir. Mir allein. Mein Schatz!! Ich kann damit machen, was ich will, kann ihn füttern und tränken, womit ich will, es hat keine Auswirkungen auf einen anderen Menschen. Nach fünfzehn Monaten, wo ich nur Nährboden für etwas anderes war, war ich wieder ich. Das war ziemlich cool.

Ich hatte nicht vorgehabt, so lange zu stillen, das halbe Jahr war einfach sehr schnell um. Auch wenn es mir nach zwei Monaten zu blöd geworden wäre, hätte ich kein schlechtes Gewissen gehabt aufzuhören, seit mir eine Kinderärztin erklärt hat, wie diese WHO-Empfehlung der sechs Monate zustande kommt. Das ist ein Durchschnitt für die ganze Welt – in Entwicklungsländern, wo es schwierig ist, an sauberes Wasser und Milchpulver zu kommen, macht es Sinn, so lange wie irgend möglich zu stillen, in unseren Breitengraden hingegen sind Versorgung und Produkte so gut, dass auch ein Baby, das von Anfang an Milchersatz bekommt, tipptopp gedeiht.

Und noch etwas zu der inflationär zitierten Studie, dass gestillte Babys einen höheren IQ haben als nicht gestillte: Diese Korrelation kommt nicht deshalb zustande, weil ihnen per

Milch Intelligenz eingeflösst wird, sondern weil intelligente Mütter öfter stillen als Mütter aus bildungsfernen Schichten.

Ach ja, und noch etwas zum Ausleiern: Direkt nach dem Abstillen sind die Brüste tatsächlich leer und lampig. Nicht okay. Ein Problem. Aber nach etwa eineinhalb Jahren hat sich das – zumindest bei mir, und ich hoffe sehr, dass ich nicht die Ausnahme bin – magischerweise so erholt, dass kaum ein Unterschied feststellbar ist. Hurra für Hupen!

Als ich eine Freundin, die gerade Mutter geworden war, fragte, wie es so sei, sagte sie: «Alle erzählen einem von dieser uneingeschränkten Liebe und Tatütata. Aber ein Kind ist vor allen Dingen einfach sehr, sehr lustig.» Ich musste oft an diesen Satz denken, seit ich auch Mutter bin. Denn sie hat völlig recht.

Warum mein Sohn heult (Oder zumindest so tut, als ob er heulen würde.) (An einem schlechten Tag, wohlgemerkt. Sonst ist er natürlich unglaublich süss und lustig und easy, und wir nennen ihn unseren Sonnenschein und so.)

— Weil ich ihn wecke.
— Weil er ein Fläschchen möchte.
— Weil er ein Teefläschchen will und kein Milchfläschchen, das er eh seit zwei Monaten nicht mehr kriegt.
— Weil er nicht im Bett warten will, während ich das Fläschchen mache, sondern mitkommen.

— Weil er nicht selber in die Küche laufen, sondern getragen werden will.

— Weil ich ihn nicht in die Küche tragen will.

— Weil ich ihn absetzen will, während ich das Fläschchen mache.

— Weil er das Wasser in das Fläschchen füllen will.

— Weil irgendwas mit dem Fläschchen nicht in Ordnung ist.

— Weil er sich den Fuss gestossen hat.

— Weil er seinen Tanklaster selber holen soll.

— Weil ich eines der Autos, mit denen er gerade spielt auf dem Sofa, verschoben habe, als ich mich aufs Sofa setzte.

— Weil ich an der falschen Stelle des Sofas sitze.

— Weil er nicht Pingu schauen darf auf dem Computer, an dem ich gerade arbeite.

— Weil er sich den Kopf gestossen hat.

— Weil er kein Zältli kriegt.

— Weil keine Ahnung.

— Weil es Kartoffelsalat gibt.

— Weil Zähneputzen.

— Weil er saumässig müde ist.

— Weil er auf keinen Fall Mittagsschlaf machen will.

— Weil er aufgewacht ist.

— Weil er eine frische Windel kriegt.

— Weil er die anderen Schuhe anziehen will. Die Sandalen. Im Januar.

— Weil sein Bobbycar Dreck an den Reifen hat.

— Weil ich ihn nicht schieben will.

— Weil der Bobbycar schon wieder Dreck an den Reifen hat.

— Weil er nicht ins Café will.

— Weil Einkaufen langweilig ist.

— Weil keine Ahnung.

— Weil er nicht Pingu schauen darf.

— Weil er nur eine Folge Pingu schauen darf.
— Weil Zähneputzen.

In der «Vogue» rechnet man ja nicht unbedingt mit Gedanken zu Schwanger- oder Mutterschaft, deshalb war ich recht erstaunt, als ich auf einen Artikel mit dem Titel *Vogue's Pregnancy Survival Guide: The Beauty Edition* stiess. Das suggeriert natürlich, dass es noch andere Ausgaben davon gibt, vielleicht *The Fashion Edition* oder *The White Trash Single Mom Edition,* aber es gibt nur die Beauty Edition. Bis jetzt. Jedenfalls schreibt die Journalistin darüber, wie sie, als sie schwanger war, plötzlich besonders vorsichtig wurde, weil sie das ungeborene Kind nicht schädlichen Einflüssen aussetzen wollte. So weit, so *duh.* Hierzulande wird einem als Neuschwangerer vom Verzehr von rohem Fleisch und rohem Fisch, einigen Käsesorten und Katzenkacke abgeraten. Ach ja, und Alkohol und Drogen. Und Putzmittel sollte man auch nicht trinken. Ansonsten aber, mit ein bisschen gesundem Menschenverstand, kann man relativ unbehelligt weiter seines Weges gehen. Die «Vogue»-Journalistin aber hatte plötzlich Angst, dass ihre Beautyprodukte ihrem Baby etwas antun könnten. Zum Beispiel das Duschmittel. Von Kiehl's! Das Duschmittel von Kiehl's, das etwa zwei Sekunden lang Hautkontakt hat *und dann abgewaschen* wird. Oder die «Soft»-Feuchtigkeitscreme von Nivea. Jedenfalls hat sie dann «etwa einen Monat lang ‹pregnant + safe› gegoogelt» und so ein paar Produkte gefunden, die absolut hundertprozentig (soweit man bisher weiss) unschädlich sind, selbst wenn sie intravenös verabreicht würden.

Als Schwangere macht man sich ja nun sowieso relativ viele Sorgen. Kleine Sorgen (Wird es seine O-Beine erben? Meine schlechte Haut?), grosse Sorgen (Was, wenn ich es nicht lässig finde, Mutter zu sein? Oder kein Talent dafür habe? Was wird aus uns als Liebespaar? Werde ich meinen Beruf weiterhin so ausüben können wie bisher? Werde ich noch Spass haben?). Legitim. Aber beim Duschmittel, da wirds dann doch irgendwie neurotisch.

Mein Sohn mag es, lackierte Finger- und Fussnägel zu tragen. Ich finds sehr schön, dass deswegen noch nie ein blöder Spruch gefallen ist. (Zumindest nicht, wenn ich in Hörweite war.)

Wenn ich noch einmal höre, wie eine Frau sagt, es sei schrecklich anzuschauen, wie sich viele Frauen mit der Geburt des Kindes gehen lassen würden, es sei doch wirklich kein Ding, sich die Haare zu waschen und eine richtige Hose anzuziehen, und Heidi Klum sei schon sieben Wochen nach der Geburt wieder bei Victoria's Secret mitgelaufen und so weiter – wenn ich diesen Müll noch einmal höre, dann könnte es sein, dass ich irgendwann mal ausspreche, was in dem Moment in mir drinnen passiert, und das ist ungefähr: Was geht es dich eigentlich für einen Scheiss an, wie irgendjemand aussieht? Was weisst du über das Leben oder auch nur die letzte Nacht dieser Person, und warum sollte eine Frau, die sich gerade ein zusätzliches Organ und, ach ja, ein Kind!!! hat wachsen lassen, um es dann durch eine viel zu kleine Öffnung aus sich herauszudrücken, und die jetzt schauen muss, dass dieses Kind nicht stirbt, denn das würde es, wenn sie es nicht verhindert, warum noch mal sollte diese Frau auch noch apart aussehen bei alldem, warum sollte das wichtig sein? Warum sollte sie so aussehen, als hätte sie alles im Griff, auch wenn sie vielleicht grad gar nichts im Griff hat? Und verdammt noch mal, warum müssen wir eigentlich immer noch immer nur über das Aussehen einer Frau reden, egal ob sie Politikerin oder Skifahrerin oder, eben, gerade Mutter geworden ist, Frauen machen die krassesten Sachen, und dann kommen, nein, keine Macho-Mongos, sondern so Zwetschgen wie du und reden bloss darüber, wie sie dabei aussehen, aber vielleicht seufze ich auch nur und sage: Unser Leben ist doch schon anstrengend genug, stressen wir uns doch nicht noch gegenseitig.

Ein paar der tollsten Lügen, die ich meinem Sohn erzähle:
— Das iPad ist kein Spielzeug!
— Der Hustensaft ist megafein!
— Alle deine Freunde schlafen schon!
— «Fuck» sagt man nicht!
— Süssigkeiten sind für nach dem Essen!
— Sachen runterwerfen ist nicht lustig!
— Du verpasst nichts, wenn du jetzt schlafen gehst!
— Keine Ahnung, wo das batteriebetriebene Schwein ist!

Es gibt ein tolles Lied vom Berliner Universalgenie FiL, es heisst «Mein Kind ist geiler als dein Kind», und mehr muss zu diesem Thema auch gar nicht gesagt werden.

Mein Kind ist geiler als dein Kind.
Mein Kind weiss, wer die New York Dolls sind.
Mein Kind ist irgendwie geiler als deins.
Meins heisst Ngahugahuga und deins heisst Heinz.
Dein Kind kann auf der Blockflöte flöten.
Mein Kind kann deins mit blossen Händen töten.
Mein Kind ist soviel geiler als dein Kind.
Dein Kind ist fast so kacke wie kein Kind.
Mein Kind konnte schon mit 3 Monaten gehen.
Dein Kind hat Schwimmhäute zwischen den Zehen.
Frag mal mein Kind ne Frage und dann guck mal wie es unterfordert ist.
Gib mal jetzt selber ehrlich zu, dass mein Kind geiler ist.
Wenn mein Kind rappt hört Jimi Blue zu.
Dein Kind ist Jimi Blue.
Dein Kind kann aber auch ganz niedlich sein, zum Beispiel, wenn es sich wehtut oder wenn es was total falsch ausspricht oder wenn es bricht.
Ich mag's eigentlich ganz gern, es kann von meinem Kind ruhig was lernen.
Und wäre es nicht so mager, wäre es ein prima Organersatzteillager für mein Kind.

Mutterschaft hat entscheidend mit der Vagina einer Frau zu tun. Mit ihr beginnt alles, sprich die Schwangerschaft, und meist ist die Vagina auch beim Ende einer Schwangerschaft involviert. Man sollte sich also mit ihr beschäftigen. Die amerikanische Feministin Naomi Wolf hat 2012 ein Buch darüber geschrieben (es heisst *Vagina*), was sie über ihre Vagina alles gelernt hat, als diese vor vier Jahren nicht mehr richtig funktionierte. Ich habe ihre Erkenntnisse mit drei Fachfrauen diskutiert: Karoline Bischof, Gynäkologin und Sexualtherapeutin; Andrea Burri, Sexualwissenschaftlerin, genetische Epidemiologin und Psychologin; und Janine Hug, Certified Sexological Bodyworker und Tantramasseurin.

Roten: «Ich fasse mal zusammen. Dieses Buch wurde motiviert von Wolfs persönlichem Schicksal: Vor vier Jahren hatte sie plötzlich keine vaginalen Orgasmen mehr. Das war ein ‹unglaublicher, traumatischer› Verlust für sie, ‹wie ein Horrorfilm› – obwohl sie immer noch viel Freude hatte am Sex mit ihrem Freund und auch grossartige klitorale Orgasmen. Aber es fehlten die postkoitalen Glücksgefühle, die Farben waren nicht mehr so farbig, sie hatte danach nicht mehr ‹das Gefühl, die spirituelle Verbindung zwischen den Dingen› zu verstehen, die kreative Energie verschwand und ‹das Vertrauen, dass alles gut ist im Universum› – sie verlor alle Freude und Selbstliebe, der Orgasmus war kein halb religiöses Spektakel mehr. Man stellte fest, dass ihr ein Wirbel auf den Beckenbodennerv drückte, das wurde repariert, und sie konnte wieder vaginale Orgasmen haben, ihre Kreativität und Lebensfreude kehrten zurück. Was sie zu der Schlussfolgerung führte: Das Wohlbefinden, das Glück, die Leistungsfähigkeit einer Frau hängen von ihren Orgasmen ab.

Burri: «Man muss sich immer bewusst sein, dass es hier um die Erfahrung einer Frau geht. Da gibt es grosse individuelle Unterschiede, es gibt Menschen, denen ist Sex auch einfach nicht so wichtig. Und das nicht, weil sie halt noch keine tollen Erfahrungen gemacht haben – ich kenne viele Frauen, die ein erfülltes Sexleben haben und schöne Orgasmen, die sich aber doch nicht als speziell sexuelles Wesen bezeichnen würden. Der Stellenwert variiert.»

«Frau Wolf würde hier vielleicht sagen: Solche Frauen hatten noch nie einen ‹high› Orgasmus, wie sie die vaginalen oder ineinander übergehenden, mystischen Orgasmen nennt, sondern nur klitorale, die ‹kulturell adäquat› sind, weil leichter und schneller produzierbar.»

Burri: «Das nervt mich auch schon wieder. Das ist ja zurück in freudianische Zeiten, als man sagte, eine erwachsene Frau muss einen vaginalen Orgasmus haben, klitoral sei ‹unreif›. Das ist doch jedem selber überlassen. Es gibt Frauen, die können einen Orgasmus haben, wenn man ihnen am Hals herumknabbert. Ich glaube nicht, dass die Vagina per se für jede Frau ein Lustzentrum ist.»

«Frau Wolf schreibt, sie sei ‹fast vom Stuhl gefallen›, als ihr der Arzt erklärte, dass jede Frau anders verdrahtet sei – manche hätten einfach mehr Nervenenden im Gebärmutterhals und empfänden darum klitorale Stimulation nicht so stark wie andere. Stimmt das, rein neurologisch?»

Bischof: «Ich glaube nicht. An Leichen hat man Nervenenden gezählt, und es gibt auch Zwillingsstudien, die nicht auf nennenswerte Unterschiede hinweisen. Was man dagegen gesehen hat, ist, dass die Verdrahtung im Hirn, also wie die Synapsen verschaltet sind, stark variiert – das ist aber nicht angeboren, sondern gelernt.»

«Die Unterschiede sind am anderen Ende, sozusagen.»

Hug: «Ich beschäftige mich in meiner Arbeit oft mit Neuroplastizität, also mit der Tatsache, dass Nervenzellen und Synapsen lernfähig sind. Bei intimen Massagen zum Beispiel geht es oft auch darum, die Empfindung überhaupt erst herzustellen – in den ersten tantrischen Yonimassagen spüren manche Frauen gar nicht viel. Erst durch Übung, wiederholte

Massagen, auch durch regelmässige Selbstliebe, wie wir das nennen, entstehen diversifizierte Empfindungen.»

Bischof: «Wir gehen in unserer Praxis in die gleiche Richtung. Wir geben Anleitungen und animieren die Frauen, sich zu Hause regelmässig selber anzufassen. Erkenntnisse aus der Amputationsneurologie zeigen ja auch, dass die entsprechenden Synapsen im Hirn abnehmen, wenn eine Hand amputiert wurde, wenn dann aber eine neue transplantiert wird, wachsen sie wieder, sobald die neue Hand ständig berührt und trainiert wird. Genauso braucht die Vagina regelmässige Berührung als ‹Unterhalt›.»

«Aber was ist denn der Unterschied zwischen einer Frau, die sich selber täglich berührt, um die Stellen zu sensibilisieren, und einer Frau, die täglich Sex hat mit ihrem Mann und auch nach 20 Jahren noch nichts dabei empfindet?»

Bischof: «Das Hauptproblem ist die Rein-raus-Bewegung bei der Penetration, durch die vor allem Reibung entsteht, aber die Scheide hat kaum Reibungsrezeptoren. Die Scheide will Druck – das kriegt man mit Beckenkreisen und -schaukeln hin, aber das machen viele nicht.»

Burri: «Aber noch mal zu den Nervenenden im Becken. Es gibt kaum Untersuchungen, die sich wirklich damit beschäftigen, wer wo wie viele hat. Und die Hauptfrage bleibt: Die Anzahl Nervenenden ist das eine, das andere ist ihre Empfindlichkeit. Aber der anatomischen Unterschiedlichkeit muss man sich schon bewusst sein, das fängt schon damit an, dass es Frauen gibt, die haben eine grosse Klitoris, andere eine winzig kleine.»

«Ist grösser besser?»

Bischof: «Nein. Aber je näher beim Scheideneingang, desto grösser ist die Chance, dass man beim Geschlechtsverkehr erregt wird. Ausser die Frau hat gelernt, ihre Vagina zu spüren. Das ist mit Abstand der Hauptgrund, warum Frauen zu uns in die Praxis kommen: Sie leiden darunter, dass ihnen Geschlechtsverkehr per se nichts sagt. Und dadurch haben sie keine Lust mehr auf Sex.»

«Die Hauptfrage, dieses Buch betreffend, ist doch eigentlich: Wie wichtig ist sexuelle Erfüllung?»

Bischof: «Wenn sie da ist, dann kann das eine grosse Ressource sein, ganz klar. Gerade auch in Bezug auf das Empfinden der eigenen Männlichkeit oder Weiblichkeit ist Sex schon etwas sehr Wichtiges. Diese Erfahrung mache ich in der Praxis immer wieder.»

«Wo stehen wir denn eigentlich? Wissen Frauen genug über ihre eigene Sexualität im Allgemeinen, ihre Vagina im Speziellen? Oder ist so ein Buch total nötig?»

Burri: «Natürlich ist so ein Buch nötig, aber nur, wenn es fundiert ist und nicht allzu sehr aus einer persönlichen Perspektive argumentiert. Es ist falsch, das eigene Erleben zur Richtlinie machen zu wollen.»

Hug: «Vor allem scheint es mir auf einem sehr hohen Niveau zu argumentieren. Was ist denn mit den Frauen, die solche sexuellen Erfahrungen einfach noch nicht machen konnten in ihrem Leben?»

«Auf die geht Wolf eigentlich ganz spezifisch ein, indem sie argumentiert: Es ist kein Wunder, dass so viele Frauen kein gutes Sexleben haben, denn Frauen brauchen sehr viel, um überhaupt erst in die Stimmung zu kommen, die es ihnen erlaubt, sich gehen zu lassen – am Schluss des Buches kommt eine sehr konkrete Anleitung für den Mann (Blumen schenken, ein Bad einlassen, sie ‹Göttin› nennen etc.). Aber in der heutigen Welt, wo Frauen arbeiten und Kinder und Stress haben, wo es Pornografie gibt und Vibratoren und uns die sexuelle Befreiung ausserdem noch eingeredet hat, auch betrunkener

Sex in einer Toilette sei okay, können Frauen gar nicht befriedigt werden.»

Burri: «Natürlich ist Zeitmangel ein wichtiger Faktor. Aber andererseits findet man ja immer noch ein Stündchen, um Fitness zu machen oder ins Yoga zu gehen, auch wenn es um 22 Uhr ist – nur für den Sex reichts dann nicht mehr. Was eigentlich besonders paradox ist, weil man viele der anderen Sachen, wie eben zum Beispiel ins Gym gehen, nur macht, um sexuell attraktiv zu sein.»

Hug: «Und man könnte ja auch einfach ein gemütliches Stündchen Selbstliebe machen auf dem Sofa.»

«Nein, findet Frau Wolf. ‹Eine Frau ohne Mann ist wie ein Fisch ohne Fahrrad›, hiess es früher, in diesem Buch hingegen steht der bemerkenswerte Satz: ‹Eine glückliche Vagina braucht einen virilen Mann.›»

Bischof: «Oder einen guten Dildo!»

«Wolf zitiert Studien, die zeigen, dass der Gebrauch von Vibratoren unempfindlicher mache. Stimmt das?»

Bischof: «Ja, eben von wegen Neuroplastizität.»

Hug: «Ich bin total pro Vibratoren, aber nur in der Abwechslung mit Handarbeit. Es gibt ja auch viele Frauen, die Vibratoren benutzen, weil sie sich einfach nicht gern anfassen.»

«Warum ist das so?»

Hug: «Es gibt Frauen, die sich vor dem eigenen Intimbereich ekeln, oder es wurde ihnen eingebläut, dass man sich dort nicht anfasst.»

«Warum gibt es – behaupte ich jetzt mal – so viel mehr Frauen, die sich vor ihren Genitalien ekeln, als Männer?»

Hug: «Der Penis ist präsent, sichtbar, und die Männer haben ihn ja eh ständig in der Hand, wenn sie pinkeln. Er wurde schon von klein an aktiv miteinbezogen, indem zum Beispiel Längen verglichen werden und so weiter.»

Bischof: «Stellen wir uns mal eine Szene vor. Ein fünf-
monatiges Baby liegt auf dem Wickeltisch. Es spielt mit seinen
Händchen – die Mutter: ach, wie süss! Es spielt mit seinen
Füsschen – die Mutter: ach, wie süss! Es spielt mit seiner Vulva – die Mutter verstummt. Und tut die Finger weg. Bei Bu-
ben ist es ganz anders. Ich habe eine Untersuchung gemacht
in Amerika, wo es genau darum ging – es gab hochsignifikan-
te Unterschiede, je nach Geschlecht des Kindes. Für die Mütter von Mädchen war es viel schwieriger, damit umzugehen,
wenn das Kind an sich herumspielte. Und das Baby kriegt mit:
Meine Mutter liebt mich da oben, meine Mutter liebt mich
da unten, aber dazwischen gibt es eine Zone, die ist pfui.»

Hug: «Heute wird in der Babymassage das Geschlecht
miteinbezogen – genau um diese Verortung des Intimbe-
reichs als schwarzen Fleck auf der Landkarte zu verhindern.»

Bischof: «Es ist wunderschön, wenn Eltern es schaffen,
ihren Kindern das Gefühl zu geben, es gebe keinen Teil von
ihrem Körper, der nicht in Ordnung ist. Das sind Prägungen,
die jede Frau erfahren hat. Und die ich heute als Gynäkologin
täglich merke, wenn Frauen zu mir etwa sagen: Wie können
Sie nur diesen Job machen, den ganzen Tag da hinschauen
zu müssen?»

«Was sagen Sie dann?»

Bischof: «‹Ich beschäftige mich mit dem schönsten Teil
der Frau! Ich bin privilegiert!› Es ist unglaublich, wie die Frau-
en darauf reagieren, man merkt, dass sie inzwischen verstanden haben, dass Männer ihre Vulva schön finden, aber den
bewundernden weiblichen Blick haben sie noch nie erlebt.»

«Naomi Wolf schreibt von einer Website, wo Frauen Bilder ihrer Vulvas posten, einfach um ein Bewusstsein für die
Vielfalt dieses Körperteils herzustellen. Arbeiten Sie auch
mit so was?»

150

Bischof: «Jaja, wir arbeiten zum Beispiel in der Sexualtherapie mit solchen Fotobüchern. Es ist total spannend zu beobachten, was mit den Frauen passiert, wenn sie sie anschauen: Zuerst sind sie angewidert, dann schockiert, dann interessiert.»

«Haben Sie alle es mit Frauen zu tun, die sich ihrer Vulva schämen?»

Alle: «Ja.»

Hug: «Es gibt Ängste, dass das nicht so schön ist wie im Porno, nicht so symmetrisch, die Farbe macht Sorgen, dass es schlecht riecht, alle möglichen Unsicherheiten. Aber vieles ist auch einfach Unwissen. Es gibt wirklich viele Frauen, die noch nie die Spiegelübung gemacht haben.»

Bischof: «Ich sage immer: Wenn Sie Ihre Vulva verlieren würden, würden Sie sie im Fundbüro erkennen?»

«Ist der Trend von Schönheitsoperationen im Intimbereich eigentlich schon bei uns angekommen?»

Burri: «Schamlippenverkürzungen und so – ja, das machen immer mehr.»

Hug: «Wenn mich eine Frau fragt, ob sie das machen soll, sage ich nicht: ‹Nein, bloss nicht› – ich finde nur, grundsätzlich sollte man sich mit dem Körper anfreunden, der einem gegeben ist. Aber ich rede mit ihnen, viele überlegen sich zum Beispiel gar nicht, dass sie dort nachher Narbengewebe haben, traumatisiertes Gewebe, das nicht mehr gleich empfindlich ist oder gar wehtut.»

«Wie ist das eigentlich mit Geburten, inwiefern können die das Gewebe traumatisieren und damit das Lustempfinden beeinträchtigen?»

Bischof: «Bei sehr schweren Rissen kann es vorkommen, dass Nerven beschädigt werden, aber das ist extrem selten. Doch selbst wenn das passiert: Wie wir vorher gesehen haben, gibt es mindestens fünf Orte in unserem Intimbereich, wo sich irgendein Mann verewigt hat, indem er sie als Erregungspunkte identifizierte. Ich erlebe öfter, dass Frauen zu mir kommen und sagen: Es ist nicht mehr gleich wie vorher, es ist, als ob das da unten und das oben im Kopf nicht mehr aufeinanderpassen würden. Da braucht es viel Berührung, um die Verbindung wiederherzustellen.»

Burri: «Und eine Veränderung in der Sexualität nach einer Geburt kann sich auch einfach dadurch ergeben, dass der Fokus danach ein anderer ist.»

Hug: «Wir haben recht viele Frauen, die nach traumatisierenden Geburten zu uns kommen, um das Empfinden im Intimbereich wieder neu und positiv zu besetzen.»

Bischof: «Grundsätzlich kann man sagen, dass es weniger Fälle von Problemen mit der Vagina nach einer Geburt gibt, wenn das Verhältnis zur Vagina schon vorher ein gutes war.»

Hug: «Und solche Geburten sind meist auch leichter, Frauen, die ein grosses Schutzbedürfnis haben und sich anspannen, eng machen, reissen eher als solche, die loslassen können.»

«Ich habe von Hebammen gehört, die empfehlen, sich während der Geburt sexuell zu stimulieren.»

Bischof: «Das ergibt Sinn, die Stoffe, die bei Erregung und Orgasmus ausgeschüttet werden, wirken ja auch schmerzhemmend.»

Hug: «Das würde ich absolut unterstützen, ich finde sogar, das sollte man gross verbreiten. Selbstbefriedigung hilft ja auch bei Menstruationskrämpfen, noch so etwas, was viele nicht wissen.»

«Die Vagina hat ein Gedächtnis, lernt man im Buch: Kränkungen, Verletzungen, Geburten, schlechter Sex, das speichert sie alles im Gewebe. Ein tantrischer Heiler, den Wolf frequentiert, beschreibt dann, wie er diese ‹Knoten› durch Intimmassagen löst. Frau Hug, sind das effektiv fühlbare Verhärtungen?»

Hug: «Ja, absolut. Das sind wie Triggerpunkte, das kennen wir ja aus der Rückenmassage. Die müssen ganz behutsam gelöst werden, und oft können Frauen erst danach wieder Lust empfinden.»

«Frau Burri, was denken Sie, wenn Sie so was hören?»

Burri: «Leuchtet mir total ein. Warum sollte es denn in unseren Geschlechtsorganen anders sein als im Rest des Körpers? Ich hab zwar selber noch keine Erfahrung mit solchen Massagen, finde das aber einen spannenden Ansatz.»

«Konkrete Frage: der G-Punkt. Gibt es ihn denn nun?»

Burri: «Ach, der schon wieder. Es gibt keine abschliessende Antwort. Zum ‹Beweis seiner Existenz› wurde gerade kürzlich eine Einzelfallstudie durchgeführt, in der bei einer Leiche eine Verdickung in der Vorderwand der Vagina festgestellt wurde, und man schloss daraus, dass dies der G-Punkt sei – bloss wusste man ja gar nicht, ob diese Frau überhaupt vaginale Orgasmen hatte oder nicht. Unsere genetische Studie hingegen konnte bisher den Beweis nicht erbringen, dass es so eine anatomische Entität gibt. Aber es ist schon erstaunlich, wie sehr man daran interessiert ist, diesen Mythos irgendwie dingfest zu machen.»

«Wahrscheinlich weil es impliziert, dass es da einen Knopf gibt, den man drücken kann, und dann gehts ab.»

Burri: «Aber dass es die Klitoris gibt, ist zum Beispiel unbestritten. Man muss sich schon mal überlegen, wie seltsam das ist – oder gibt es noch andere Körperstellen, über deren Existenz man seit Jahren debattiert?»

Bischof: «Wenn Frauen zu uns kommen, weil sie das lernen möchten, vaginale Erregbarkeit, dann sage ich ihnen schon, dass die Chance im unteren Drittel der vaginalen Vorderwand am grössten ist. Dahinter liegt ja die Harnröhre, die ist aber sehr empfindlich, vor allem in nüchternem Zustand. Die Frau sollte also schon erregt sein, bevor sie sich dieser Zone zuwendet.»

«Funktioniert eigentlich diese neue Technik der G-Punkt-Unterspritzung?»

Bischof: «Nein, das ist völliger Quatsch. Man spritzt ein Polster vor die Nerven, das ergibt keinen Sinn.»

«Im Buch sagt ein Arzt, die Operation der Zukunft sei die Beckenbodenstraffung.»

Bischof: «Oh, hell.»

Burri: «Viel verbreiteter ist das Problem des zu straffen Beckenbodens, zu viel Tonus – sehr schlecht für die Orgasmusfähigkeit.»

Bischof: «Es ist paradox: Für einen Orgasmus braucht man Spannung, aber zu viel ist auch nicht gut. Es geht darum, im richtigen Moment loslassen zu können.»

«Aber nach Geburten kann das doch ausgeleiert sein?»

Bischof: «Dass eine Frau einen richtig erschlafften Beckenboden hat nach einer Geburt, ist tatsächlich sehr, sehr selten. Und wenn, dann hilft Training. Allein aus sexuellen Gründen sollte man keine Beckenbodenstraffungen machen. Übrigens ist auch dieser Trend der Vaginal-Rejuvenation, also die Vagina enger zu machen, totaler Stuss. Aber man sieht an all diesen Beispielen: Die Frauen sind so verunsichert und uninformiert über ihre Geschlechtsteile, dass man ihnen jeden Seich verkaufen kann.»

«Können wir zusammenfassen?»

Hug: «Ich glaube, da sind wir uns recht einig. Für ihre sexuelle Erfüllung ist jede Frau selbst verantwortlich.»

Burri: «Und sie sieht für jede anders aus.»

Eine kinderlose Freundin von mir träumte neulich, sie habe vergessen abzutreiben.

Wie ist das eigentlich für die, die nolens volens in irgendeine Rolle und Funktion rutschen, bloss weil jemand im engsten Umfeld entscheidet, sich fortzupflanzen? Hab ich mich gefragt. Und darum meine Schwester gefragt: Wie Tante sein? Ein Exkurs von Nicole Roten.

«Ich bin schwanger.» Es war heiss in Sardinien, und ich fiel ob den per SMS übermittelten News fast vom Liegestuhl, arbeitete gefühlte fünf Minuten an meiner Antwort («What!? Ich freu mich für dich! Gehts dir gut?» oder irgendeine Spielart davon) und war fortan für eine rechte Weile komplett überfordert. So an die 31 Wochen, um ehrlich zu sein.

Erst war ich ein kleines bisschen angeschissen. Ich bin die ältere Schwester. Ich war zuerst hier, ich war zuerst im Kindergarten, alle Kleider gehörten zuerst mir, ich war zuerst fertig mit der Schule, ich bin zuerst ausgezogen, ich war mindestens in diesen Dingen meiner Schwester ohne Anstrengung immer zwei Jahre voraus. Okay, sie war sportlicher und besser in Mathe – aber ich spielte in mehr Bands und war einen Kopf grösser. Und jetzt macht die Kleine einfach so ein Kind. Das hole ich definitiv nie wieder auf. Tammi. Und noch viel schlimmer: Ich fand sie insgeheim total mutig. Es ist ja nicht so, als hätte ich mit meinen zwei Jahren Vorsprung und der zehnjährigen Beziehung nicht die Wahl gehabt. Ich hab aber rumgesisselt und die Sache auf «nicht jetzt» verschoben. Das hab ich jetzt davon.

Zu allem Übel war ich auch thematisch nicht eingeschossen auf Kinder. Man gewöhnt sich als grosse Schwester daran, dass man über die wichtigen Dinge im Leben (Schuhe binden, Eltern abkochen, die besten Spick-Witze, Autofahren, Beziehungen, orthopädische Kissen) einfach schon mehr weiss und beratend zur Seite stehen kann. Zum Thema Kinder oder Schwangerschaft hatte ich nun aber wirklich gar nichts beizutragen. Ausser ein paar Plattüden vielleicht («Der wird schon rocken – schliesslich kommt der ja zu euch und wächst da rein», «Wenns dein eigenes ist, ist es sicher anders» ...).

«Kind haben» war für mich die gedankliche Erstbesteigung eines Viertausenders, ein Clusterfuck aus eigenen und projizierten Zukunftsängsten, clashenden Arbeitspensen, Freiheitsverlust und extrem viel Wäsche. Es ist ein Thema voller Lücken und Fragen und so gar nicht meins. Ich fasse die ganz frischen Babys meiner FreundInnen aus Prinzip nicht an, bis ich sicher bin, dass der Kopf nicht mehr abbrechen kann. Ich will nicht in die Annalen eingehen als die, die das Kind kaputtmachte. Bei den Geschichten von Vätern über das plötzliche Einfahren von «bedingungsloser Liebe» im Kreisssaal wird mir immer ein wenig schlecht, und ich bin komplett underwhelmed vom Alltag als Eltern oder was ich davon mitbekomme. Und ich bin mir sicher, dass Kinder mich nicht so recht mögen, weil ich den Handstand verlernt habe, Fussball nicht mag und mir einfach nicht gerne pinke Haarklammern und grüne Federn ins Haar machen und mit dem Traktor siebenmal ans Schienbein fahren lasse. Macht mich aggressiv, auch wenn der Angreifer unter fünf ist.

Meine kleine Schwester war also schwanger, und ich wurde Tante. Ich war leicht überfordert, ja – aber fasziniert von dem Alien in ihrem Bauch und der Nonchalance, welche sie und ihr Mann an den Tag legten. Wie entspannt die ein Thema angingen, bei welchem ich mich nur schon im Gedankenexperiment mit Zirkelschlüssen abschoss. Aber ich war nun 31 Wochen lang Tante in spe und konnte mich – genau wie die Eltern – in der Zeit an den Gedanken gewöhnen. Ich googelte nach Tantenratgebern (und fand keine, ausser Anleitungen für Weekends im Wald mit den Kleinen etc.). Meine Schwester und ich kauften zusammen Dinge ein, von deren Existenz ich bislang nichts wusste, und sprachen ziemlich viel über unsere Kindheit und über unsere Eltern. Ich informierte sie, dass ich vorhätte, für meinen Neffen keine Familienfest-Bekanntschaft, sondern Teil seines Alltags zu sein, und sie fand das easy. So langsam war ich bereit – und das, obwohl ich nach wie vor der Ansicht war, dass sie eigentlich hätte warten müssen, bis ich mir sicher bin, ob ich Kinder will, und ihr das schwesterliche Go gebe. Aber das nur noch mal am Rande.

Und dann irgendwann war der Tag da, ein Samstag, grossartiges Wetter, die ganze Nacht auf Nachricht gewartet, keine Ahnung, warum man selber so nervös ist, und die Hoffnung, dass alles gut ging. Und ich weihte meine Tantenschaft mit Tränen ein und schaute immer wieder das Foto an, das meine Schwester mir mit dem Kommentar «Er ist super! Komm vorbei!» schickte. Ich erinnere mich, wie ich erstaunt feststellte, dass er aussieht wie sie als Baby, und das war endlich mal ein Thema, bei dem ich wieder was zu sagen hatte.

Und so kam die kinderlose Tante zum Kinde. Mit den Worten «Willst ihn mal halten?» übergab mir meine Schwester ihren Sohn. Ein nicht mal eintägiges Baby, dessen Kopf erst einen halben Tag vorher erstmals mit der Schwerkraft konfrontiert wurde und drum für mein Empfinden praktisch am seidenen Faden hing. Der Kopf blieb dran, mitunter wohl auch, weil ich keine Fisimatenten machen wollte und mich nicht traute, den Arm zu wechseln, und so weihten der Kleine und ich unsere Beziehung ein: er schlafend, ich mit einem Oberarmkrampf. Ich war noch nie so stolz wie auf meine kleine Schwester, die diesen winzigen Jungen gemacht hat. Und für den ich jetzt sofort alles stehen und liegen liesse.

Und weil meine Schwester mir anscheinend mehr zutraut als ich mir selber, streckte sie mir fortan immer ihr Kind hin zum Halten und liess mich einfach machen. Kannst du ihn bitte kurz wickeln? Ich erwartete einen Info-Pitch, Eckdaten, Tipps, Anweisungen, ein Flipchart – aber alles, was sie auf mein «äh? wie ...?» zu sagen hatte, war: «Der Elefant auf der Windel vorne» und dann kochte sie weiter. Ich versuchte, das Kind nicht kaputtzumachen (Besteht Genickbruch-Gefahr bei zu steilem Wickelwinkel? Wie wendet man das Angepinkeltwerden ab, ohne das Kind loszulassen?). Ich bin immer noch beeindruckt, wenn sie mir ihr Kind anvertraut und mich nicht erst eine halbe Stunde brieft – gleichzeitig war es wohl das einzig Richtige, Eltern kriegen ja auch keine Bedienungsanleitung, sie haben einfach Vorsprung durch Übung. Und wenn mans einfach macht, kann mans nicht überdenken (und man kann in Gegenwart eines schreienden Kindes sowieso nichts weniger als denken).

Meine Tantenschaft dauert nun schon zwei Jahre. Ich erinnere mich an die grosse Freude darüber, dass der Kleine meinen Namen sagen konnte: Titti statt Niggi, okay – aber: Ich war immerhin wichtig genug, um ein Wort dafür zu lernen. Ich erinnere mich an ziemlich viele Schoppen, an die ersten Spaziergänge allein mit dem Kind, während denen alle dachten, der sei meiner (ich korrigierte sie nicht ...), an

20-minütige Heulkrämpfe beim Hüten und die Angst, das Kind geschlissen zu haben (und meinen eigenen Heulkrampf, als ich dann endlich zu Hause war), an meinen Hass auf wer auch immer diese Kleinkind-Pyjamas mit den 20 Knöpfen im Schritt erfand. Ich erinnere mich daran, mit Baby im Arm hungrig und unterzuckert vor einem Laib Brot zu stehen und zu erkennen, dass daraus nie ein Sandwich wird, wenn mir nicht sofort ein dritter Arm wächst oder ich das schreiende Kind ablege (ich entschied mich für ein Glas Milch zur Überbrückung bis zum Mittagsschlaf). Und ich erinnere mich auch an die Erkenntnis, dass man in Gegenwart von Kleinkindern nichts, rein gar nichts zu Ende machen kann. Und keine Zeitung lesen. Mindestens nicht, wenn sie wach sind. Und dass ich mir bisher nie überlegt hatte, wie man mit diesen Babyumschnallvorrichtungen auf dem Klo die Hose hochzieht, ohne das Kind zu wecken oder es rauszukatapultieren, wie unfassbar praktisch Feuchttücher sind und ob ich giftige Pflanzen im Garten habe.

Nach jedem Hüteeinsatz oder Besuch bin ich mir sehr bewusst, dass ich jetzt zurückkann in eine Welt, in der sich niemand aus Versehen den Arm bricht, wenn ich kurz wegschaue. Und ich weiss, dass meine drei Stunden Hüten und Spielen nichts sind im Vergleich zu dem, was Eltern tun. Und dann bin ich grad noch mal stolz auf meine Schwester und ihren Mann, die es einfach taten und ein Kind hatten. Ich hingegen weiss jetzt mindestens, was mich erwarten würde, falls ich jemals den Mumm hätte, Mutter zu werden. In der Zwischenzeit finde ich Tante sein eine gute Alternative, liebe meinen Neffen abgöttisch und kann allen kinderlosen Tanten und Onkeln nur sagen: Das kriegt ihr hin – Wickeln, Fläschchen, Rotz aus der Nase saugen, Badewannenspass ohne Ertrinken und auch das Trösten nach Stürzen. Ihr wissts nur noch nicht.

Einzig das mit dem Dekorieren findet Tante Titti scheisse, und sie möchte nicht gebissen werden … und sie mag halt Fussball echt nicht. Sorry.

In Amerika gibt es einen Ausdruck für das Phänomen, dass so viele Mütter sich ständig gegenseitig davon überzeugen wollen, dass nur ihre Art der Kinderaufzucht die richtige ist: Mommy Wars.

Ich habe gerade einen Blogeintrag gelesen, wo eine Mutter über eine kleine Verhaltensänderung berichtet, die für sie alles verändert habe: Anstatt «aber» sagt sie jetzt «und». Also anstatt «Du willst Gummibärchen essen, aber ich will, dass du Gemüse isst», sagt sie jetzt «Du willst Gummibärchen essen, und ich will, dass du Gemüse isst.» Seither fühle sich das alles viel mehr nach Kooperation an in ihrer Familie, schreibt sie. Nicht mehr so konfrontativ, gegeneinander. Sondern mehr miteinander. Es funktioniert wirklich, ich hab es gerade selber ausprobiert. Mein Sohn wollte Barbapapa schauen, ich wollte, dass er Mittagsschlaf macht. Also sagte ich: «Du willst Barbapapa schauen, und ich will, dass du Mittagsschlaf machst.» Er schaute mich erstaunt an und sagte: «Edi Barbapapa schauen bitte bitte.» Ich sagte: «Genau, du willst Barbapapa schauen, und ich will, dass du Mittagsschlaf machst.» Er sagte: «Edi Barbapapa schauen!» Ich sagte: «Ja, Edi will Barbapapa schauen, und Mami will, dass Edi

Mittagsschlaf macht.» Er rief: «Edi Barbapapa schauen!!»
Ich sagte: «Ja, das willst du und ich möchte, dass du schläfst.»
Er: «Aaaaaaaaaaah!!!»

Jedenfalls, es lief darauf hinaus, dass wir uns einigten
und ganz kooperativ zusammen Barbapapa schauten.

Rosa, 39, ein Sohn, vier Jahre
Eintritt der Patientin in der 40+1 SSW mit regelmässiger We-
hentätigkeit und MM 3 cm. Regelrechte REST-EP bei unauffälli-
gem CTG. Protrahierte AP mit leichten bis mittelschweren va-
riablen Dezelerationen. Spontangeburt aus I. HHL mit salutie-
render Hand über DR II°. Nabelschnur 1× locker um den Hals.
Plazenta spontan und vollständig. DR II° in LA versorgt. Wo-
chenbett komplikationslos. Die Wöchnerin stillt vollständig.

«Die Geburt in einem Adjektiv?»
«Heftig.»
«Wie ging es los?»
«Um Mitternacht, mein Freund schlief schon. Ich hatte
von Anfang an relativ regelmässige Wehen, so alle fünf Minuten. Ich wartete mal ab, und als ich aufs Klo ging, kam Blut. Da
hab ich ihn geweckt und im Spital angerufen und eine Freundin, die sich bereit erklärt hat, auf die Tochter meines Freundes
aufzupassen, die bei uns war. Ich hab meine Sachen gepackt ...»
«Du hattest noch nicht gepackt?»
«Nein, das hab ich irgendwie versifft. Und dann war meine Freundin da, und ich hab mich an ihr festgehalten, als gerade eine Wehe kam. Ich fragte sie: Wird es noch viel schlimmer? Sie lächelte und sagte: Einfach ein bisschen anders. Dann

fuhren wir mit dem Taxi durch die Langstrasse, und ich sah all die Leute, die in den Ausgang gingen, das war schräg. Vor dem Spital mussten wir ewig warten, bis jemand aufmachte, ich dachte schon, ich müsse draussen gebären.»

«Wie weit war der Muttermund da schon offen?»

«Drei Zentimeter. Und die Wehen waren noch recht easy, ich machte Witze und stellte mich auf die Waage und war genau gleich schwer wie mein Freund. So: yeah. Es war total entspannt, wir konnten sogar das Gebärzimmer aussuchen, ich kriegte mein Einzelzimmer. Dann durfte ich einen Duft wählen fürs Duftlämpli, ich nahm Rose und die Hebamme sagte: Ja, sehr gut, das gibt Ihnen Kraft. Dann probierte ich all diese Hilfestellungen aus, hängte mich an das Seil und setzte mich auf den Ball und so weiter, irgendwann kam die Hebamme mit Globuli, irgendwann wurde mir ein Zugang gestochen, irgendwann kriegte ich ein Zäpfli gegen die Schmerzen, aber das ist alles etwas verschwommen.»

«Gibt es einen Moment, wo du dachtest: Okay, jetzt wird es heftig?»

«Ja, als der Muttermund sechs Zentimeter offen war. Da dachte ich: Jetzt find ichs nicht mehr lustig. Dann ging ich in die Badewanne. Das tat recht gut, die Schwerelosigkeit. Und ich hatte ein warmes Tüchli auf den Schultern und über mir eine Wärmelampe, das war angenehm. Ich bat noch um einen Eimer, weil mir eine Freundin gesagt hatte, sie habe sich erbrochen.»

«Hast du geschrien während der Wehen?»

«Ja, extrem. Und zwar immer lauter, weil ich gemerkt habe, dass es noch gut tut. Aber irgendwann konnte ich nicht mehr schreien.»

«Hast du einen Kurs besucht für die Atmung?»

«Ja, im Schwangerschaftsyoga. Aber ich glaube, ich hab

es einfach instinktiv richtig gemacht. Irgendwann in der Badewanne gab es dann so einen Alienmoment, wo dieser riesige Bauch sich so nach unten verschob und mich fast ein bisschen runterzog, das war krass. Und dann platzte die Fruchtblase, und mein Darm entleerte sich. Dann hatte ich gerade eine Wehenpause und sass so in diesem Wasser, und meine Kacke schwamm um mich herum. Genau das, was man nicht will. Und dann meinte die Hebamme, ich müsse raus, es gehe nicht weiter. Dann setzte ich mich auf den Mayastuhl, allerdings verkehrt herum, im Delirium.»

«Und dann kamen die Presswehen.»

«Genau, etwa eine Stunde lang lag ich in den Presswehen. Dafür musste ich mich auf das Bett legen. Und das war der Moment, wo ich dachte: Scheisse, ich sterbe, gebt mir eine PDA, und sie meinten, jetzt wärs schon viel zu spät.»

«Haben sie dir erklärt, warum du aufs Bett musst?»

«Sie sagten einfach, es wäre am besten, weil es jetzt relativ schnell gehen müsse, nachdem die Fruchtblase geplatzt ist; und weil ich es total unangenehm fand, stellten sie das Kopfteil ganz hoch, ich war also fast sitzend. Die eine Hebamme drückte meine Beine hoch, und mein Freund drückte gegen meinen Rücken, und eine Hebamme drückte mit aller Kraft auf meinen Bauch. Ich glaube, ich habe meinem Freund fast die Hand gebrochen. Ich rief noch, ich kann nicht mehr und ich sterbe, und sie meinte, noch eine Wehe, dann kommt er, es waren aber noch drei. Dass der Damm riss, hab ich nicht einmal gemerkt. Und plötzlich steckte sein Kopf irgendwie fest, und es begann extrem zu brennen, und sie rief «Nicht pressen! Nicht pressen!», und ich rief: *Was nicht pressen?! Ich muss pressen!!!* und dann rief sie *Jetzt pressen!!* und dann kam er sozusagen rausgeschossen. Das war eine wahnsinnige Erlösung.»

«Es dauerte also von Beginn der Wehen an bis zur Geburt zehn Stunden. Und danach?»

«Dann haben wir noch im Gebärsaal erst mal ein Riesenmenü verdrückt. Irgendwann kam die Ärztin, um den Dammriss zu nähen, mir kam es vor wie eine Ewigkeit. Und dann mit dem Rollstuhl ins Zimmer.»

«Wie waren die Rückbildungswehen?»

«Extrem schmerzhaft. Noch mal wie Wehen. Und die Naht tat auch sauweh. Das war komisch, vorher war ich noch in diesem Glücksflash und dann: Was, schon wieder Schmerzen?! Es ist doch vorbei! Da hab ich dann Medikamente verlangt, ich wollte mit dem da unten in dem Moment nichts mehr zu tun haben. Irgendwann kam ein Oberarzt, so ein junger, und schaute sich die Naht an und gab mir einen Eisfinger, wie er es nannte, zum Abschwellen. Das war voll schräg. Ich lief da rum mit dieser riesigen Binde in der riesigen Unterhose und noch ein Glace zwischen den Beinen. Das nachher fand ich eigentlich fast schlimmer als die Geburt selber. Während der Geburt ist klar, was passiert, worauf es hinausläuft und was deine Aufgabe ist. Und dass es vorbei sein wird. Aber nachher? Du bist irgendwie überfordert mit dem Baby und hast Schmerzen, und dann kommt noch der Milcheinschuss, und bei mir hats nicht geklappt mit dem Stillen.»

«Von Anfang an nicht?»

«Nein, mein Sohn saugte einfach nicht. Und dann sagten alle, easy, das geht dann schon. Aber es tat sich nichts. Ich hatte extrem Schmerzen und wurde immer gestresster. Wir taten und machten, probierten Stellungen aus, dann zogen sie den Kleinen auch völlig nackt aus, damit er aufwachte und heulte, und drückten ihn mir recht rabiat an die Brust, aber es ging einfach nicht. Irgendwann war ich komplett am Ende und heulte nur noch, meine Brüste waren hart und heiss und taten extrem weh. Dann haben wir abgepumpt und ihm die Milch mit dem Becherchen gegeben. Als wir entlassen wurden, sagte man mir, ich solle halt einfach weiterprobieren mit dem Stillen, eine richtige Stillberaterin kam aber nie.»

«Wie ging es zu Hause weiter?»

«Meine Hebamme hat gemeint, ich solle es mit Kraniosakraltherapie probieren, er habe einen leichten Schräghals, und die Therapeutin sagte, kein Problem, in zwei Wochen trinkt er an der Brust, aber es tat sich nichts. Dann haben wir Stillhütchen ausprobiert, ging auch nicht. Ich sass nur noch zu Hause, hatte entweder eine Tüte mit tiefgefrorenen Erbsen auf den Brüsten oder musste sie heiss abduschen oder war am Abpumpen oder am Fläschchensterilisieren oder am Fläschchengeben oder am Milchaufwärmen, konnte kaum schlafen, dann kam wieder zu wenig Milch, er weinte, weil er konstant Hunger hatte, und das zwei Monate lang. Ich war völlig fertig, es ging mir wirklich nicht gut.»

«Hat dir niemand geraten aufzuhören?»

«Eine Freundin von mir sagte nach einem Monat schon: Hey schau dich mal an. Hör jetzt auf mit dem Quatsch. Aber ich zogs noch einen Monat durch, weil doch alle immer sagen, wie unglaublich wichtig es ist, dass ein Kind gestillt wird. Als ich dann in einem Moment absoluter Erschöpfung entschieden habe, dass ich aufhöre, fiel ein unglaublicher Druck von mir ab. Erst dann kam ich richtig an, erst dann konnte ich es auch geniessen.»

«Wie verheilte die Narbe?»

«Sie tat etwa acht Wochen lang ziemlich weh. Ausserdem hatte ich noch eine Schürfung, die hat auch extrem gebrannt. Während dieser Zeit war an Sex nicht zu denken. Ich hatte am Anfang auch total Angst, dass ich keinen Orgasmus mehr bekommen kann.»

«Aber alles wieder gut?»

«Ja. Es fühlt sich wieder genau wie vorher an. Sieht aber scheisse aus. Meine Schamlippen sind grösser und dunkler, es gefällt mir nicht mehr wirklich. Ich hab sogar schon an eine Operation gedacht.»

«Was hättest du gern schon vor der Geburt gewusst?»

«Einfach mehr darüber, was nachher alles sein kann. Dass eben nicht bei allen eitel Sonnenschein ist und alles klappt tipptopp und alle sind superhappy.»

«Was würdest du einer Freundin als wichtigsten Rat mitgeben?»

«Schau zu dir, schau, dass es dir gut geht und nicht nur dem Baby. Wenn du selber auf dem Zahnfleisch läufst, hat niemand was davon.»

Ich habe kein spezielles Verhältnis zu meiner Menstruation. Weder sehe ich sie als monatliches Wunder der Weiblichkeit, das ich mit Räucherstäbchen und einem mitternächtlichen Schleiertanz feiere, bis ich in einer symbolischen Zeremonie, die viel Hüpfen und Armerudern beinhaltet, das nicht empfangene Kind den Sternen zurückgebe, noch fühle ich mich dann unrein und möchte in ein Zelt abseits von der Gruppe gesteckt werden, bis alles vorbei ist. Nichts von alldem, ich menstruiere, und damit hat sichs.

Ich gehöre allerdings nicht zu jenen Frauen, bei denen das mit übelsten Krämpfen einhergeht, beziehungsweise nicht mehr, denn anfangs durfte ich diese Erfahrung auch machen, und nach der Erfahrung von Wehen kann ich jetzt sagen: vergleichbar, durchaus vergleichbar. «Krämpfe» waren früher aber vor allen Dingen immer vorzügliche Ausreden, um den Turnunterricht zu schwänzen, selbst als ich meine Tage noch gar nicht hatte; gerade männliche Turnlehrer reagierten nämlich immer auf die gleiche, sehr schwänzerfreundliche Weise, nämlich verständnisvoll-sensibel-schnell-weg-von-hier, und keiner fragte je irgendwas nach, ausser einer, der wissen wollte, wo ich denn Krämpfe hätte, und dem schrie ich mit bemerkenswerter zwölfjähriger Ahnungslosigkeit, gepaart mit Panik, «in meiner Vagina!» ins Gesicht, und damit war das dann auch erledigt. Jedenfalls hatte ich im Verlauf meines Erwachsenenlebens ganz vergessen, dass das ja auch in der Arbeitswelt noch ein vorzügliches Blaumachargument wäre, genauso allerdings, dass es viele Frauen gibt, die tatsächlich an gewissen Tagen nicht arbeiten können, weil sie mit Menstruationsbeschwerden darniederliegen. Bis ich kürzlich über eine Studie von zwei italienischen Forschern stolperte, die aufzeigt, dass menstruationsbedingte Absenzen rund 14 Prozent des Lohnunterschieds zwischen den Geschlechtern erklären.

Die Forscher untersuchten die Personaldaten einer grossen italienischen Bank, in denen alle Absenzen aller Arbeitnehmer während ihrer ganzen Anstellung verzeichnet sind, blöderweise natürlich ohne Angabe der Gründe. Dabei fiel ihnen auf, dass bei Frauen unter 45 eine auffällige Häufung von Absenzen in 28-Tagen-Abständen auftritt, was ja einem durchschnittlichen Menstruationszyklus entspricht. Dass es sich dabei nicht um die alte «Krämpfe»-Ausrede handelt, lässt sich herleiten von der Tatsache, dass diese 28-Tage-Absenzen gleich verteilt sind, bei einfachen Angestellten genauso wie bei Frauen, die kurz vor einer Beförderung standen. Und weil sich Chefs in Branchen, in denen Produktivität nicht exakt gemessen werden kann, bei der Festlegung der Löhne an beobachtbarem Verhalten orientieren, sehen sie lediglich, dass Frauen im europäischen Durchschnitt 7,6 Absenztage mehr haben als Männer (und ein Teil davon geht natürlich auch noch auf Kosten von kranken Kindern, von Lehrergesprächen und dergleichen mehr).

Zusammengefasst bedeutet das: Wir werden dafür bestraft, Körper zu haben, die Babys herstellen können! Und Gott sprach: ... du sollst unter Schmerzen Kinder gebären und auch Schmerzen haben, wenn du kein Kind gebärst, und deswegen auch weniger Lohn kriegen, Biatch!

Der Vorschlag der italienischen Autoren zur Lösung des Problems geht in die Richtung steuerlicher Mens-Subvention für die Arbeitgeber. So könnten sie faire Löhne zahlen, und es würde nicht noch unattraktiver für sie, so einen blutenden, gebärenden, Babys und Eltern pflegenden Menschen einzustellen.

Eine Geburt ist eine riskante Sache. Einerseits für das Kind, denn statistisch gesehen ist der erste Tag der gefährlichste eines ganzen Menschenlebens. Auch in den Industrienationen, aber vor allem in Entwicklungsländern – in Sierra Leone erleben 187 von 1000 Kindern ihren fünften Geburtstag nicht. (Übrigens sind es nur vier sehr billige Hilfsmittel, die die Situation in diesen Ländern dramatisch verbessern würden: Kortikosteroide, um bei Frühgeborenen die Lungenentwicklung zu beschleunigen, Chlorhexidin, um den Nabel zu reinigen und eine Entzündung zu vermeiden, Antibiotika im Falle einer Neugeborenensepsis und anderer Infektionen sowie Handbeatmungsgeräte für die ersten Sekunden.) Aber auch für die Mutter ist eine Geburt immer noch potenziell lebensgefährlich. In Somalia liegt die Wahrscheinlichkeit für eine Frau, während der Schwangerschaft oder der Geburt zu sterben, bei 1:16. In der Schweiz ist die Müttermortalität mit 1:9500 schon einiges geringer, aber doch noch erstaunlich hoch im Vergleich zum Beispiel zu Griechenland, wo die Quote 1:25 000 beträgt.

Die Situation der Mütter dieser Welt kann als Indikator für die Situation der Welt an sich genommen werden, denn die Korrelationen sind deutlich: je besser die Bildung, je besser die soziale und politische Stellung der Frau, desto tiefer die Mütter- und Kindersterblichkeit. Und je mehr Frauen und Kinder die Geburt überleben, desto mehr Frauen können arbeiten und die Welt verbessern, und desto mehr Frauen können tolle Kinder aufziehen, die dann ebenfalls die Welt verbessern und so weiter und so fort, und so sollte logischerweise irgendwann alles gut werden, hurra. (Save The Children Organisation, *State of the World's Mothers Report 2013*.)

Ich habe die Krippe meines Sohnes gebeten, eine Woche lang zu notieren, wie viele Frauen und Männer ihre Kinder bringen und abholen. Am Morgen waren es insgesamt 32 Frauen und 11 Männer, am Abend kamen auf 29 Frauen 14 Männer.

Lange bevor es mich interessierte, wurde mir schon erklärt, wie sich die Liebe zu einem Kind anfühlt. Diese Beschreibungen kamen einfach so, ungebeten, zwischen Meinungen zum Film, den man gestern im Kino geschaut hat und Gedanken zum Israel-Palästina-Konflikt, es schien den Vätern und Müttern ein dringendes Anliegen, darüber zu sprechen, es schien rauszumüssen. Das war aber gar nicht so einfach, es wurde mit Tränen in den Augen um Worte gerungen, man versuchte, diese Liebe zu lokalisieren, Fäuste wurden gegen Brustbeine gehauen, da, in der Brust sitzt sie, bei anderen war sie mehr in den Eingeweiden, die krallten dann ihre Finger in den Bauch, als ob diese Liebe ein Organ wäre, das sie jetzt zu Anschauungszwecken einfach mal hervorholen würden. Es wurde gestammelt: «Das ist etwas ... dieses bedingungslose ... wenn sie mich anlächelt ...» und manchmal drang ein ganzer Satz durch wie: «Wenn du kein Kind hast, dann weisst du nicht, was Liebe ist.» Jedenfalls führte das alles dazu, dass ich mir die Liebe zu einem Kind wie etwas ganz und gar Anderes vorstellte, mehr ein neuer Bewusstseinszustand als ein Gefühl, eine ätherisch-esoterische Erfahrung, nicht vergleichbar mit dem, was ich bisher für Liebe hielt.

Und dann bekam ich ein Kind, einen Sohn, und ich hätte wirklich nicht damit gerechnet, dass es sich *so* anfühlt. Was dieses Kind in mir auslöst, ist allerdings mitnichten unvergleichlich und völlig neu. Ich kann es sogar bei einem sehr gebräuchlichen Namen nennen: Es fühlt sich an wie ganz säkulare, aber sehr, sehr heftige Verliebtheit. Coup de foudre, Liebesgewitter, Schmetterlinge, rosarote Brille, Sie wissen schon. Wie man das halt (hoffentlich) kennt. So richtig ist es mir aufgefallen, als ich nach einer fünftägigen Reise am Gepäckband stand und meinen Koffer suchte, ungeduldig, fiebrig, weil draussen der Babysohn wartete. Und plötzlich merkte ich, dass ich dieses Gefühl ganz genau kannte, dass es mir vertraut war, dieses Ziehen in der Brust, das wild pochende Herz, das viel zu viele Blut, die zugeschnürte Kehle: Früher fühlte es sich genauso an, wenn draussen die erwachsene frische Liebe wartete.

Mir wurde also klar: Ich bin einfach vollkommen verknallt in meinen Sohn. Und zwar nicht in einem übertragenen, metaphysischen Sinne, sondern – abgesehen natürlich von jeglichen sexuellen Gefühlen (stellen Sie sich diesen Teilsatz bitte in fetten, kursiven Grossbuchstaben und dreifach unterstrichen und rot blinkend vor) – mit allem, was dazugehört. Ich hätte es eigentlich schon viel früher merken müssen. Zum Beispiel die Küsserei. Die Küsserei! Man erinnere sich an die ersten Wochen einer neuen Beziehung, wo Küssen eine Art Sprache ist, Kommunikation, eine Notwendigkeit. Ich glaube, wie verliebt ein Paar ist, lässt sich an der Kussfrequenz reliabel messen. Aber das ist nichts gegen die Küsse, die ein Kind kassiert. Ich bin sehr sicher, dass ich in der kurzen Zeit, seit mein Sohn auf der Welt ist, schon mehr geküsst habe als in meinem ganzen Leben davor (und ich war oft verliebt). Es ist komplett lächerlich, wie oft man das Bedürfnis verspüren kann, jemanden zu küssen. Es ist wie eine Sucht, und man wird zum Junkie und völlig schmerzfrei, wenn es darum geht, an seinen Stoff zu kommen: Für einen reziproken Kuss von meinem Sohn auf den Mund nehme ich auch in Kauf, dass ich etwas von der laufenden Nase abkriege. Ekelig, oder? Total. Ich beobachte seit Neuestem auch meine Lippenpartie sehr genau, weil ich jederzeit damit rechne, diese Knitterfältchen zu kriegen vom vielen Lippenspitzen. Manchmal stelle ich mir vor, wie schlimm es sein muss für Babys, wenn ständig diese fetten, feuchten Fleischwülste auf einen zugeflogen kommen.

Aber sie sind ja selber schuld.

Dann die Anfasserei. «Ich kann die Finger nicht von dir lassen» ist ja so ein klassischer Satz, um zu beschreiben, was die oder der neue Partner/in in einem auslöst. Darum halten frisch Verliebte Händchen, wenn sie zum Supermarkt spazieren, um Ofenreiniger zu kaufen, deshalb sitzen sie im Kino nicht einfach nebeneinander und schauen den Film, ohne sich zu berühren, deshalb bestehen frisch Verliebte so selten auf getrennten Betten, wenn sie im Hotel einchecken. Aber das ist alles ein Witz im Vergleich zu einem Kind. Es fängt damit an, dass man Babys am Anfang ständig anfassen *muss,* weil sie ja nichts selber können, weder laufen noch essen noch Sachen greifen oder sonst irgendwas. In der nächsten Phase, als Kleinkinder, muss man sie auch wieder ständig anfassen, weil sie jetzt plötzlich viel mehr können, zum Beispiel laufen und Sachen greifen und so weiter, was allerdings dazu führt, dass sie sich ständig umbringen würden, wenn man nicht im wörtlichen Sinne eingreift. Und dann kommt dazu, dass man sie anfassen *will.* Die Patschhände, die dicken Keilfüsse, der Milchbauch, die kitzeligen Oberschenkel, das Wegglifüdli, die weichen Ohren, der runde Kopf, das feine Haar, das alles ist nur zum Anfassen da. Die Kuschlerei. Die Schmuserei. Ich bin manchmal besorgt, dass ich meinen Sohn kahl streicheln könnte.

Hier muss ein Einschub rein, sonst wird das zu kitschig. Mein Sohn kann auch enorm nerven, er macht ständig alles schmutzig, und wenn er mich ein paar Nächte am Schlafen gehindert hat, dann bin ich absolut nur noch halb so verknallt in ihn. Ausserdem ist er echt mehr als faul, was Hausarbeit angeht.

Und die Riecherei! Erinnern Sie sich noch, wie Sie an getragenen T-Shirts des/r Liebsten gerochen haben? Genau das ist der Grund, warum Eltern ständig ihre Nasen in den Haaren oder am Hals ihres Kindes vergraben. Dieses ... aaaaaah.

Und die Voreingenommenheit. Liebe macht blind, sagt man. Deshalb merken Verknallte nicht, wenn sich der neue Schatz total danebenbenimmt, und sie finden jeden auch noch so schlechten Witz lustig. Genau das ist der Fall bei Eltern. Sie sind nicht zu faul, ihr Kind zu erziehen, sie sehen es einfach nicht! Ein Beispiel: Als ich mit zwei kinderlosen Freunden bei uns zu Hause einen Film schaute, kam irgendwann mein Sohn herein und machte den Fernseher aus. Ich gab mir zwar Mühe, beim tadelnden Gemurmel meiner Freunde mitzumachen, aber eigentlich fand ich es total lustig, sehr süss und auch intelligent von ihm.

Und ich bin mir sogar bewusst, wie verblendet das ist!

Eben, Eltern sind total bescheuerte Verknallte und völlig blind, was ihr Kind angeht – und ihrerseits halten sie aber ebenfalls alle anderen für blind, was ihr Kind angeht.

Ach, und die Freudebereiterei. All die Geschenke, all die kleinen Aufmerksamkeiten, all die Zeit, die verbracht wird mit dem Nachdenken darüber, wie man die oder den Liebste/n überraschen und erquicken könnte – das ist nichts gegen den Aufwand, der betrieben wird, um dem Kind ein Lächeln abzuringen. Evolutionsbiologisch könnte man ja meinen, der Mensch strebe danach zu beobachten, wie die Brut heranwächst, sich vertausendfacht und die Weltherrschaft übernimmt, aber tatsächlich geht es den Eltern nur darum, das Kind lachen zu sehen. Und dafür ist jedes Mittel recht, Grimassen, Schokolade, ganze Nachmittage auf unerträglichen Spielplätzen, alles nur, damit es sich freut.

Und die Anschauerei! Kinder sind visuell wahnsinnig aufwendig. Genauso, wie sich verliebte Paare stundenlang anschauen und Telepathie üben oder Wimpern zählen, habe ich wohl schon Wochen und Monate damit verbracht, meinen Sohn zu studieren. Aus verschiedenen Gründen: Fassungslosigkeit (weil da plötzlich ein Baby im Wohnzimmer liegt), Besorgnis (ist das ein Ausschlag?), Ahnenforschung (von wem ist eigentlich die Nase?), zum Spass (haha, er sieht so lustig aus mit meiner Sonnenbrille), Kommunikation (weil es mit dem Sprechen noch hapert), Ungläubigkeit (im Ernst, das ist das Spiel? Autos in einer Reihe aufzustellen?), wissenschaftliches Interesse (mal schauen, wie lange es dauert, bis er merkt, dass die Dose aufgeht, wenn man auf den Deckel drückt) und natürlich eben, Wimpern zählen (so viele! so lange!) und Liebe (arrrgh).

Es ist eigentlich nur folgerichtig: Die Liebe zu einem Kind fühlt sich gleich an wie die, aus der es bestenfalls entstanden ist.

Sechs Jahre später:
Ups und Downs, aber immer noch zusammen.

Mein Sohn ist mittlerweile acht Jahre alt. Das ging wahnsinnig schnell. Ist in seinem Fall aber speziell, denn er wird viel schneller älter als alle andern Kinder in meinem Umfeld. Die sind zum Teil schon seit drei Jahren vier Jahre alt, er hingegen überspringt manchmal ein Jahr.

Jedenfalls ist er schon gross und kann vieles inzwischen selber, bei dem er bisher Hilfe brauchte. Jedes Mal, wenn er etwas selber macht, für was er früher Hilfe brauchte, befällt mich ein grosses Gefühl der Dankbarkeit. Wenn er zum Beispiel ankündigt, dass er aufs Klo geht – dann fällt mir erst eine Sekunde verspätet, aber mit einem sehr wohligen Gefühl ein, dass das absolut keine Auswirkung mehr hat auf mich. (Keine Ahnung, warum er das trotzdem immer noch ankündigt.) Wenn es Zeit ist fürs Bett, dann kann ich ihm inzwischen einfach das Pyjama in die Hand drücken (und, na gut, ihn noch ungefähr zehn Mal daran erinnern, es anzuziehen). Ich kann mit ihm schwimmen gehen und selber auch das Baden geniessen, ohne ständig verhindern zu müssen, dass er absäuft. Ich kann ihn jetzt auch mal allein lassen zu Hause – und merke jetzt, wie absurd es ist, dass ich vorher acht Jahre lang ein Leben gelebt habe, das beinhaltete, einen anderen Menschen keine Sekunde allein zu lassen. Jedes Mal, wenn ich so etwas denke, erinnere ich mich daran, wie seltsam schwierig es war, Wäsche zu machen, als er noch ein Säugling war. Es gab einen Gedankengang, den ich jedes Mal von Neuem unglaublich fand. Er ging so: Ich muss Wäsche waschen. Ich kann das Baby nicht in der Wohnung lassen, während ich in die Waschküche gehe. Also mitnehmen. Und dann? Ich kann ihn nicht einfach auf den Boden setzen, weil er noch nicht sitzen kann. Auf den Steinboden legen ist irgendwie auch falsch. Also musste ich tatsächlich jedes Mal das Tragedings montieren, Baby einpacken und mich auf die Reise machen. Jedes Mal verblüfft.

Er ist jetzt acht Jahre alt und ich muss weniger machen, ich *muss* generell wieder weniger, was ich super finde. Aber so langsam zeichnet sich auch ab, dass mir – langsam, Stück für Stück, Tag für Tag – etwas genommen wird, was völlig unerwartet zu einer grossen Freude in meinem Leben geworden ist: für jemanden zu sorgen. The Joy of Caring. Ich glaube, erst wenn man ein Kind aufzieht, lernt man dieses Gefühl wirklich intim kennen. Es ist viel mehr, als verantwortlich zu sein für ein anderes Lebewesen. Es ist viel weniger als das zermürbende Wissen, dass ein Mensch komplett von einem abhängig ist. Es ist das tiefe Gefühl der Zufriedenheit, dass man das Leben einer Person, die einem unendlich lieb ist, verbessern kann, selbst auch nur kurzfristig. Ich kann kaum beschreiben, wie süss es sich anfühlt, meinem Sohn, wenn er durchgefroren vom Waldmorgen aus der Schule kommt, eine Milch mit viel Honig zu machen, ihm trockene Socken anzuziehen, ihn in eine Decke zu wickeln, aufs Sofa zu betten und ein Hörspiel laufen zu lassen. Ihn gesund zu pflegen, wenn er krank ist. Oder ihm sein neues Zimmer einzurichten, eine Rutschbahn zu bauen, ein Versteck, eine Fläzecke oder was auch immer sonst gerade *de rigeur* ist.

Generell der Hausfrauen-Part: So zuwider mir dieses Wort noch immer ist, das englische Pendant beschreibt etwas unglaublich Schönes. Ich liebe es, ein Home Maker zu sein. Meinem Sohn ein Zuhause zu machen, verleiht dem Wohnen, dem Putzen, dem Kerzenanzünden, dem Pflanzengiessen, dem Kochen und Einrichten einen tiefen, warmen Sinn. Ihm einen Ort zu geben, der für Geborgenheit, Sicherheit und bedingungslose Liebe steht, fühlt sich so wahr und wichtig und wohlig an wie wenig anderes.

Ich kann also ein Stück weit verstehen, warum Menschen nicht genug kriegen von diesen Gefühlen und deshalb immer mehr Kinder machen. Aber dann auch wieder sehr schnell nicht mehr. Kinder sind unfertige Erwachsene. Daran ist nichts Schlechtes, aber es macht sie auch nicht zu magischen Wesen. Das scheinen viele Leute jedoch so zu empfinden, sie mögen Kinder genau aus diesem Grund: weil sie keine Erwachsenen sind. Für mich ist es in vielerlei Hinsicht einfach ein Manko. Es ist in etwa, wie wenn man einen Löffel hat, der auf den ersten Blick zwar ähnlich aussieht wie ein Löffel, doch er hat keine Löffelschale, er ist einfach flach. Den kann man in die Suppe tunken, so viel mal will, satt macht es nicht. Nun könnte man sagen: Was für ein origineller Löffel! So ein besonderer Löffel. Er ist vielleicht ein amüsantes Objekt (wenn man nicht gerade sehr hungrig ist), aber es ist ein ziemlich schlechter Löffel.

Wenn man normale Menschenstandards anwendet, und leider fällt es mir unglaublich schwer, das nicht zu tun, dann kacken Kinder ziemlich ab. Würde ein Erwachsener, wenn er ein Geschenk bekommt zum Geburtstag, nach dem Auspacken sagen: Hast du noch was anderes?, dann würden wir ihm nie wieder etwas schenken. Würde ein Erwachsener konstant und aus tiefster Überzeugung so wenig Rücksicht nehmen auf die Bedürfnisse aller anderen, würden wir freiwillig keine Minute mit dieser Person verbringen. Man stelle sich einen Erwachsenen vor, der Tiere quält, andere piesackt, manipuliert, lügt, sich für das Zentrum des Universums hält, nicht verlieren kann, wichtigtuerisch, klugscheisserisch, eifersüchtig, missgünstig und eitel ist – ich glaube, im ICD-10 steht genau das als Definition unter «Psychopathologische Störung» (mein Sohn ist natürlich nicht so).

Ich weiss schon, Hirnentwicklung und all das, aber es ist wahnsinnig anstrengend, dieses unfertige Hirn nicht – ganz erwachsen – ernst zu nehmen. Jetzt werden viele sagen: Aber Kinder geben einem auch so viel! Und denen möchte ich sagen: Echt? Ist nicht vieles von dem, was sie uns «geben», ein übersteigertes Gefühl der Dankbarkeit, wenn sie mal nicht so arschig reagieren, wie wir es eigentlich zu erwarten gelernt haben? Ist der überwältigende Stolz, den wir empfinden, wenn ein Kind etwas Altruistisches tut, nicht vor allem eine grosse Erleichterung, weil sich abzeichnet, dass es nicht für immer so ein egoistischer Mensch bleiben wird?

Ich beneide und bewundere Menschen, die Kinder anschauen und ihnen mit vollem Herz und reinem Gewissen einen auf moralische Kindergrösse massgeschneiderten Goodwill entgegenbringen.

Jetzt habe ich natürlich wieder ganz stark das Bedürfnis, zu betonen, wie sehr ich meinen Sohn liebe. Sehr, sehr, sehr tue ich das. So sehr, dass ich nie auf die Idee kommen würde, ihm zu sagen, wie sehr mich das meiste, was er den ganzen Tag so erzählt, langweilt. Oder besser: Gelangweilt hat. Denn es wird besser. Aber es war hart. Das, was Kinder ab dem Moment, wo sie zu reden beginnen, bis etwa sieben erzählen, ist wirklich rasend uninteressant. Blöderweise fordern sie aber maximale Aufmerksamkeit dafür ein und so kann man es nicht ständig bloss kopfnickend und nach dem Zufallsprinzip ja und nein murmelnd an einem vorbeirauschen lassen. Plötzlich wollen sie wirklich etwas hören, wie zum Beispiel, welches Pokémon wohl grössere Chancen hätte bei einem Kampf gegen *Geräusch 1*, *Geräusch 2* oder

Geräusch 3? Dann sagt man *Geräusch 2* und sie fragen entsetzt warum. Dann sagt man: Weil, ja, wegen ... seiner Attacke? Und sie sagen, die Hypnoattacke?! Das bringt doch nichts gegen *Geräusch 1*, der hat ja keinen Kopf und darum auch keine Augen! Dann sagt man: Ja dann halt *Geräusch 1*, und sie schreien: Aber der ist doch nur einen Nanomillimeter gross!! Ja gibt es denn eine richtige Antwort?, ruft man dann und sie sagen, ich will ja nur wissen, wer deiner Meinung nach grössere Chancen hätte! Und dann geht alles wieder von vorne los.

Und diese Phase war schon viel besser als die «Was sagt»-Phase. Was sagt die Wolke? Was sagt der Stuhl? Was sagt der Griff von dieser Pfanne?

Und diese Phase war schon viel besser als die Phase absolut kopfsprenged-hirnverflüssigend-unverständlicher Fragen: Wenn ich schneller laufen könnte als ein Pferd, wäre ich dann ein Elefant? Warum haben Zweichörnchen?

Aber eben, es wird immer besser. Und diese ganze Entwicklung zu begleiten, mit matschigem Hirn und matschigem Herz, das ist schon eine Reise wert.

Unsere Gesellschaft ist besessen vom weiblichen Körper. Wie es jedoch tatsächlich ist, in einem zu stecken, und welchen Anteil er an der Biografie einer Frau hat, das will dieses Buch ergründen. Michèle Roten vermisst ihren eigenen Körper, von den Zehennägeln bis zu den Haarspitzen. Sie erzählt von Narben aus der Kindheit, der vom Kaiserschnitt und jener vom Jahrhundertpickel, wundert sich über ihre Tätowierungen, denkt über ihre Knie nach, erinnert sich an magische Heilungen und magersüchtige Episoden und fragt sich, ob sie sich als Feministin mehr für ihre Vulva interessieren müsste.

Was dabei herauskommt, ist eine Art Vademecum für das eigentliche Vademecum – den Körper, dieses Fleischvehikel für unsere Ideen, Pläne und Eigenschaften. Eine hypersubjektive Erkundung, die letztlich erstaunlich exemplarisch ist für die allgemeine weibliche Körpergeschichte.

Michèle Roten

Vademecum

Die Geschichte(n) meines Körpers.
Broschur, ca. 200 Seiten, erscheint im Herbst 2020

Ein Buch für Frauen, die es selbstverständlich finden, dass Hausarbeit geteilt wird, dass Frauen auch promisk leben dürfen, dass sie Führungspositionen einnehmen, dass Heiraten nicht das höchste Ziel im Leben ist, dass die Frau auch mal den Mann einlädt im Restaurant. Und die völlig baff sind, wenn sie merken, dass die Welt noch nicht so weit ist wie sie.

«Michèle Roten entlarvt in ihrem bemerkenswerten Buch die eigene Generation.» FAZ

Michèle Roten

Wie Frau sein

Protokoll einer Verwirrung.
3. Auflage, 29 Franken, 23 Euro

Protokoll einer Verwirrung — Dieses Buch ist für Frauen, die es selbstverständlich finden, dass Hausarbeit geteilt wird, dass Frauen auch promisk leben dürfen, dass sie Führungspositionen einnehmen, dass sich Mutterschaft verbinden lassen muss mit Arbeit, dass Heiraten nicht das höchste Ziel im Leben ist, dass die Frau auch mal den Mann einlädt im Restaurant. Und die völlig baff sind, wenn sie merken, dass die Welt noch nicht so weit ist wie sie.

Und dieses Buch ist für Männer, die Mann genug sind, sich mit dem Thema Gleichberechtigung auseinanderzusetzen. Und die ausserdem total gescheit und cool sind. Und auch sehr gut aussehen.

Jede Frau, die ich kenne, ist für die soziale und politische Gleichheit der Geschlechter, aber Feministin nennt sich keine einzige von ihnen. Im Gegenteil: Wenn man ihnen diese Frage stellt, dann verziehen sie ihr Gesicht und sehen irgendwie beleidigt aus, als ob sie denken würden: Warum, findest du mich hässlich? Wirke ich frustriert? Sehe ich aus wie ein Opfer? Denn dafür steht Feminismus in meiner Kohorte der um die 30-Jährigen: Er ist eine Krücke, eine Rüstung und eine Waffe für verbitterte, unattraktive Frauen, die zu wenig Spass im Leben haben und darum ihren persönlichen, privaten Fall zur Politik machen wollen.

So denken wir über eine Bewegung, die es überhaupt erst möglich machte, dass wir heute dieses lustige Leben führen dürfen, auf das wir so pochen. Wir, nur ein paar wenige Jahre nach dem Entscheid geboren, dass Frauen auch abstimmen dürfen, finden: Feminismus, wäh. Wie es zu diesem enormen Imageproblem kam? Bestimmt haben die Feminismus-Gegner ihren Teil dazu beigetragen, den Begriff negativ zu besetzen, eine uralte und bewährte politische Methode. Bestimmt waren es auch die Feministinnen selber, denn zu viel Eifer, Speichel, Gefuchtel, das nervt irgendwann, egal von wem und aus welcher Motivation. Irgendeine fatale Mischung jedenfalls führte dazu, dass junge Frauen

Michèle Roten
Wie Frau sein
Echtzeit

In allen guten Buchhandlungen oder
direkt bei: www.echtzeit.ch

Gott oder Guru, Momjeans oder Superskinnylowwaist, Tofu
oder Quorn, Instagram oder Pinterest, iPhone oder Samsung,
Max oder Ben, Yoga oder Pilates? Es ist doch alles scheissegal,
weil wir nichts anderes mehr haben als Meinungen und die
freie Wahl.

«Bissig-witzige Dialoge mit einer Prise Selbstironie.» SRF
«Dieser Dramentext liest sich als Text hervorragend, er ist
eigentlich eine Kurzgeschichte in Dialogform.» DER FREITAG

Michèle Roten

Wir sind selig

Ein Theaterstück
Leinengebunden, 96 Seiten, 19 Franken, 19 Euro

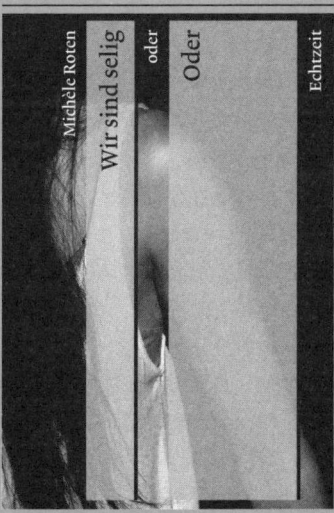

In allen guten Buchhandlungen oder
direkt bei: www.echtzeit.ch

Da ist Herr Oberholzer, nach einem Unfall gelähmt, rudimentär versorgt von einem Affen. Da ist Anna, seine Pflegerin und Hobbyhure. Da ist Maja, die Frau von Thomas, der schuld ist an Oberholzers Behinderung, und ihr kleiner Sohn. Da sind die Statisten in ihrem Leben, da ist die Stadt mit ihren Geschichten, da ist ein Lebensgefühl zwischen Entscheidungsverweigerung, der Angst vor Definitivität und der dankbaren Kapitulation vor dem Lauf der Dinge.

Michèle Roten

Eins bis Sechs

Eine Geschichte in sechs Teilen. Mit Illustrationen von Benjamin Güdel.
6 mal 48 Seiten in einer Box zu 50 Franken, 40 Euro

In allen guten Buchhandlungen oder
direkt bei: www.echtzeit.ch